JN345898

독자의 1초를 아껴주는 정성을 만나보세요!

세상이 아무리 바쁘게 돌아가더라도 책까지 아무렇게나 빨리 만들 수는 없습니다.

인스턴트 식품 같은 책보다 오래 익힌 술이나 장맛이 밴 책을 만들고 싶습니다.

땀 흘리며 일하는 당신을 위해 한 권 한 권 마음을 다해 만들겠습니다.

마지막 페이지에서 만날 새로운 당신을 위해 더 나은 길을 준비하겠습니다.

길벗 IT 도서 열람 서비스

도서 일부 또는 전체 콘텐츠를 확인하고 읽어볼 수 있습니다.
길벗만의 차별화된 독자 서비스를 만나보세요.

더북(TheBook) ▶ https://thebook.io

더북은 (주)도서출판 길벗에서 제공하는 IT 도서 열람 서비스입니다.

아는 만큼 보이는 생성형 AI
Easy to Learn Generative AI Technologies and Trends

초판 발행 · 2025년 7월 28일

지은이 · 김주영
발행인 · 이종원
발행처 · (주)도서출판 길벗
출판사 등록일 · 1990년 12월 24일
주소 · 서울시 마포구 월드컵로 10길 56(서교동)
대표 전화 · 02)332-0931 | **팩스** · 02)323-0586
홈페이지 · www.gilbut.co.kr | **이메일** · gilbut@gilbut.co.kr

기획 및 책임 편집 · 변소현(sohyun@gilbut.co.kr) | **디자인** · 장기춘 | **제작** · 이준호, 손일순, 이진혁
마케팅 · 임태호, 전선하, 박민영, 서현정, 박성용 | **유통혁신** · 한준희 | **영업관리** · 김명자 | **독자지원** · 윤정아
교정교열 · 박민정 | **전산편집** · 이상화 | **출력 및 인쇄** · 금강인쇄 | **제본** · 경문제책

▶ 이 책은 저작권법의 보호를 받는 저작물로, 이 책에 실린 모든 내용, 디자인, 이미지, 편집 구성은 허락 없이 복제하거나 다른 매체에 옮겨 실을 수 없습니다.
▶ 인공지능(AI) 기술 또는 시스템을 훈련하기 위해 이 책의 전체 내용은 물론 일부 문장도 사용하는 것을 금지합니다.
▶ 잘못 만든 책은 구입한 서점에서 바꿔 드립니다.

ISBN 979-11-407-1507-7 93000
(길벗 도서번호 080462)

정가 22,000원

독자의 1초를 아껴주는 정성 길벗출판사

㈜도서출판 길벗 | IT단행본&교재, 성인어학, 교과서, 수험서, 경제경영, 교양, 자녀교육, 취미실용
www.gilbut.co.kr

길벗스쿨 | 국어학습, 수학학습, 주니어어학, 어린이단행본, 학습단행본
www.gilbutschool.co.kr

페이스북 · https://www.facebook.com/gbitbook

챗GPT, 제미나이, 클로드, 클로바 X, 달리, 미드저니,
스테이블 디퓨전, 수노, 유디오까지
한 권으로 보는 생성형 AI 기술과 트렌드

아는 만큼 보이는 생성형 AI

김주영 지음

길벗

지은이의 말

2024년 가을, 필자는 명지대학교 융합소프트웨어학부에 임용돼 '생성형 AI'라는 주제의 수업을 맡았습니다. 그런데 수업 준비를 하던 중 고민거리가 생겼습니다. 하루가 다르게 발전하는 생성형 AI 기술은 학생들의 흥미를 끌 것이 분명했지만, 어떻게 가르쳐야 할지 감을 잡기 어려웠습니다. 깊이 생각한 끝에 '새로운 기술은 앞으로도 끊임없이 등장하겠지만 중요한 것은 그 기술의 근본 원리와 발전 과정을 이해하고 경험함으로써 새로운 변화를 맞이할 수 있는 자신감을 갖추는 것'이라고 결론을 내렸습니다. 그리고 그에 따라 수업을 준비해 첫 학기 수업을 무사히 마쳤습니다.

이 책은 그때의 경험과 고민을 바탕으로 하고 있습니다. 생성형 AI 기술이 연구실을 벗어나 일상 속에 자리 잡고 있는 지금, 더 많은 사람이 이 기술을 이해하고 널리 활용할 수 있도록 돕고자 하는 마음으로 저술했습니다.

이에 생성형 AI의 과거, 현재, 미래라는 세 가지 관점을 균형 있게 담았습니다. 머신러닝의 등장부터 딥러닝, 트랜스포머를 거쳐 GPT로 대표되는 대형 언어 모델에 이르기까지 생성형 AI의 발전 과정에서 어떤 기술적 도약이 있었는지 설명했습니다. 또한 생성형 AI가 어떻게 작동하는지 그리고 어떤 한계가 있는지도 다뤘습니다.

이러한 이론적 내용에서 더 나아가 챗GPT를 비롯한 다양한 AI 모델을 직접 사용해보며 공부하는 기회도 마련했습니다. 이를 통해 독자는 여러 가지 AI 모델의 장점을 체험해볼 수 있습니다. 그리고 AI 모델의 한계를 짚어보고, 이를 효과적으로 극복하기 위한 방법을 구체적으로 소개했습니다.

끝으로 이미지와 오디오를 생성하는 멀티모달 AI의 진화, 직업 환경의 변화, 인간과 AI가 협력해야 하는 이유를 알아보고 미래를 전망하면서 책을 마무리했습니다. 이를 통해 독자는 급변하는 AI 시대에 능동적으로 대처할 수 있을 것입니다.

기술은 끊임없이 진화하고 있습니다. 이 책을 집필하는 동안에도 여러 번 수정해야 할 만큼 한계점이 극복되거나 새로운 기술이 등장하는 등 변화가 거듭되고 있습니다. 시시각각 달라지는 세상 속에서 특히 AI 기술의 혁신은 우리의 삶에 큰 영향을 미칩니다. 이에 대비하기 위해 생성형 AI를 알고자 하는 독자의 학습 여정에 이 책이 작지만 의미 있는 길잡이가 되길 바랍니다. 독자 모두가 생성형 AI를 이해하고 활용해 더 나은 미래를 만들어가는 주체가 되기를 진심으로 기대합니다.

이 책이 세상에 나올 수 있도록 도움을 주신 분들에게 감사 인사를 전합니다. 변소현 편집자의 세심한 검토와 조언은 이 책의 완성도를 높이는 데 큰 힘이 됐습니다. 기술적인 내용을 누구나 이해할 수 있도록 다듬는 과정에서 보여주신 전문성과 인내심에 진심으로 감사드립니다. 또한 밤낮 가리지 않고 원고와 씨름하는 필자를 묵묵히 지지하고 격려해준 아내와 가족에게도 마음 깊이 고마움을 전합니다.

김주영

베타 리더의 한마디

회사에서 생성형 AI를 구축한다는 이야기가 나와 유튜브와 인터넷 자료를 찾아봤습니다. 그런데 어떤 자료는 너무 전문적이고, 또 어떤 자료는 사용법에만 치중돼 있어 아쉽다는 생각이 들었습니다. 그러던 중 부담 없는 분량과 적절한 난이도로 생성형 AI의 전반을 다룬 이 책을 읽고 매우 만족했습니다.

채민석

지금은 AI 대중화 시대라고 할 수 있습니다. AI가 웬만한 작업은 다 해주니 편리해졌지만 그만큼 AI의 결과물을 평가하고 검증하는 역할이 중요해졌습니다. 이러한 시대적 흐름에 발맞춰 이 책은 생성형 AI의 작동 원리와 한계를 이해하기 쉽게 설명해줍니다. '아는 만큼 보이는'이라는 제목처럼 생성형 AI를 제대로 알고 활용하고자 하는 독자에게 이 책을 권합니다.

최준성

이 책은 생성형 AI의 발전 과정, 주요 모델 및 서비스, 앞으로의 발전 방향을 총체적으로 정리해놓은 개론서입니다. 초창기 AI 기술이 현재에 이르기까지의 발전 단계마다 적용된 원리와 한계가 무엇인지, 그 한계를 어떻게 극복하고 다음 단계로 발전할 수 있었는지 쉽게 설명해줘 전문적인 지식이 없는 독자도 잘 이해할 수 있습니다.

김수정

이 책은 생성형 AI의 기초부터 실무 활용까지 체계적으로 다룬 종합 안내서입니다. 머신러닝의 기본 개념으로 시작해 GPT 시리즈의 발전 과정을 단계별로 설명하고, 챗GPT·미드저니·뮤직LM 등 주요 AI 서비스의 실제 사용법도 알려줍니다. 생성형 AI를 처음 접하는 입문자는 물론이고 실무에 AI를 활용하고자 하는 모든 사람에게 유용합니다.

이기하

AI는 변화의 속도와 폭이 너무 커서 따라잡기가 어렵습니다. 이 책은 복잡해 보이는 AI 기술을 체계적으로 설명해 일반인이 기술에 대한 두려움을 떨쳐내고 기본 개념을 탄탄히 다질 수 있습니다. 단순히 기술을 설명하는 데 그치지 않고 현시점에서 AI가 지닌 한계와 그것을 극복하기 위한 접근법도 제시하고 있어 AI를 제대로 이해하고 싶은 독자에게 추천합니다.

김동우

프롬프트를 잘 작성하는 팁을 찾아다니던 지난 시간을 돌이켜보니 AI의 원리를 알았더라면 좋았을 것이라는 아쉬움이 듭니다. 이 책을 통해 생성형 AI의 원리를 알고 나니 생성형 AI를 어떻게 활용해야 할지 눈이 뜨였습니다. AI 기술의 동향을 개괄적으로 이해하고 다양한 생성형 AI 서비스를 실무나 일상에 활용하고자 하는 독자에게 교양서로 추천합니다.

김지은

단순히 사람이 입력한 규칙을 기반으로 실행되던 시스템이 스스로 결과물을 만들어내는 생성형 AI가 되기까지 기술이 많이 발전했다는 것을 이 책을 읽으며 새삼 느꼈습니다. 앞으로 어떤 변화가 일어날지 기대되는 한편으로 두렵기도 하지만, 이 책을 통해 AI에 관한 지식을 쌓고 활용법을 알아두면 유용할 것입니다.

최주환

추천사

이 책의 저자는 오랫동안 깊은 신뢰를 나눈 친구이자, 제가 AI 엔지니어가 될 수 있도록 길을 열어준 스승 같은 존재입니다. 무엇을 물어보든 성심껏 설명해주던 그가 생성형 AI에 관한 책을 썼다고 해서 기쁜 마음으로 읽어봤습니다. 오늘날 AI는 일반인에게 익숙한 말이 됐지만 여전히 어렵게 느껴지는 기술이기도 합니다. 이 책은 실용적이면서도 친절한 입문서로, 전문적인 깊이를 유지하면서도 독자의 눈높이에 맞춘 설명 방식에는 늘 성실하게 사람들을 대하는 저자의 태도가 고스란히 반영돼 있습니다. 생성형 AI를 처음 접하는 독자에게 이 책을 자신 있게 권합니다.

삼성전자 AI 엔지니어 김태형

이제 AI는 전문가의 전유물이 아니라 누구나 손쉽게 일상과 업무에 활용할 수 있는 도구가 됐습니다. 하지만 기술이 편리해졌다고 해서 제대로 활용할 수 있는 것은 아닙니다. 이 책은 생성형 AI의 원리와 대표 서비스를 이해하기 쉬운 언어로 풀어내 AI에 대한 막연한 흥미를 실제 활용 능력으로 키울 수 있도록 도와줍니다. 따라서 단순히 AI를 사용하는 수준을 넘어 더 깊이 이해하고 효율적으로 활용하고 싶은 독자에게 유용합니다.

SK AX AI 연구원 선종환

이 책은 생성형 AI를 이해하는 데 필수적인 이론부터 텍스트, 이미지, 오디오 등 모달리티별 최신 서비스까지 폭넓게 다루고 있습니다. 대학 교재로 사용하기에도 충분한 깊이와 세부 내용을 담고 있습니다.

서울과학기술대학교 인공지능응용학과 교수 오범석

이 책의 구성

전문 용어로 서술된 책은 부담스럽고, 사용법만 설명한 책은 이론적인 내용이 부족합니다. 그래서 이 책은 생성형 AI의 개념, 주요 용어, 대표 서비스를 교양 수준에서 쉽게 풀어 설명합니다.

이 책은 총 6개 장으로 구성돼 있습니다. 1, 2장에서는 생성형 AI를 개괄적으로 소개하고, 초기 AI 기술이 생성형 AI로 발전하기까지의 과정을 살펴봅니다. 3, 4장에서는 대표적인 생성형 AI인 GPT 모델의 특징을 설명하고, 챗GPT·제미나이·클로드 등 언어 모델의 한계와 해결 방법을 다룹니다. 5, 6장에서는 이미지/오디오 생성형 AI 서비스를 소개하고, 생성형 AI 시대를 살아가는 인간의 역할과 준비 방법을 알아봅니다.

목차

1장 생성형 AI란 무엇인가

1.1 생성형 AI의 정의 … 16
- 1.1.1 생성형 AI의 기술적 위치 … 16
- 1.1.2 규칙 기반 시스템 … 17
- 1.1.3 스스로 학습하는 머신러닝 … 19
- 1.1.4 딥러닝의 등장 … 20
- 1.1.5 생성형 AI로의 발전 … 21

1.2 생성형 AI의 분류 … 23
- 1.2.1 용어 정리 … 23
- 1.2.2 언어 생성형 AI … 25
- 1.2.3 이미지 생성형 AI … 26
- 1.2.4 오디오 생성형 AI … 28

1.3 생성형 AI의 역할과 미래 전망 … 30
- 1.3.1 도구로서의 생성형 AI … 30
- 1.3.2 생성형 AI를 바라보는 자세 … 33

2장 생성형 AI로 발전하기까지의 과정

2.1 연어와 농어를 분류하는 머신러닝 … 38
- 2.1.1 머신러닝의 등장 배경 … 38
- 2.1.2 머신러닝의 핵심 기법 … 45
- 2.1.3 머신러닝의 한계 … 48

2.2 인간의 뇌 구조를 본뜬 딥러닝 … 49
- 2.2.1 딥러닝의 등장 배경 … 49
- 2.2.2 초기 딥러닝 모델 … 50
- 2.2.3 딥러닝의 작동 원리 … 55
- 2.2.4 딥러닝의 대표적 모델 … 57
- 2.2.5 딥러닝의 과제 … 59

2.3 인간처럼 언어를 이해하는 트랜스포머 … 62
- 2.3.1 초기 딥러닝 모델의 한계 … 62

2.3.2 트랜스포머의 등장 배경 … 64
2.3.3 트랜스포머의 작동 원리 … 65
2.3.4 어텐션 메커니즘 … 67
2.3.5 트랜스포머 모델의 발전 … 69
2.3.6 트랜스포머가 가져온 변화 … 71

2.4 **다음 단어를 예측해 문장을 만드는 대형 언어 모델** … 73
2.4.1 언어 모델의 개요 … 73
2.4.2 언어 모델의 단어 선택 방식 … 75
2.4.3 언어 모델부터 발전한 이유 … 79
2.4.4 대형 언어 모델의 학습 과정 … 81

3장 오픈AI의 대형 언어 모델, GPT

3.1 **GPT의 개요** … 86
3.2 **대형 언어 모델의 첫걸음: GPT-1** … 89
3.2.1 사전 학습과 파인 튜닝에 의한 언어 처리 … 89
3.2.2 GPT-1의 의의와 한계 … 90
3.3 **본격적인 대화형 AI: GPT-2** … 92
3.3.1 사전 학습만으로의 언어 처리 … 93
3.3.2 GPT-2의 의의와 한계 … 94
3.4 **스케일의 혁신으로 인간에 가까워진 AI: GPT-3** … 95
3.4.1 퓨샷 러닝과 프롬프트 엔지니어링 … 96
3.4.2 GPT-3의 의의와 한계 … 97
3.5 **인간과 소통하는 AI: GPT-3.5와 챗GPT** … 99
3.5.1 사용자 피드백 기반 강화 학습 … 99
3.5.2 대화형 AI의 새로운 시대를 연 챗GPT … 101
3.5.3 GPT-3.5와 챗GPT의 의의 … 101
3.6 **멀티모달 모델의 등장: GPT-4** … 102
3.6.1 텍스트와 이미지의 동시 이해 … 102
3.6.2 GPT-4의 의의와 한계 … 103

3.7 생성형 AI의 미래: GPT-4o와 오픈AI o1 ⋯ 104
　3.7.1 텍스트, 이미지, 오디오를 종합적으로 처리하는 GPT-4o ⋯ 104
　3.7.2 추론 능력과 신뢰성이 향상된 오픈AI o1 ⋯ 105
　3.7.3 일반 인공지능으로의 발전 ⋯ 106
3.8 생성형 AI의 평가 지표 ⋯ 108
　3.8.1 생성형 AI의 성능 평가 방법 ⋯ 108
　3.8.2 벤치마크를 이용한 평가 ⋯ 109
　3.8.3 GAIA 벤치마크를 이용한 평가 ⋯ 112
　3.8.4 인간의 선호도를 반영한 평가 ⋯ 115
　3.8.5 비공개 모델과 오픈 소스 모델 ⋯ 117

4장 생성형 AI의 한계와 해결 방법

4.1 챗GPT, 제미나이, 클로드, 클로바 X, 라마 ⋯ 122
　4.1.1 챗GPT ⋯ 122
　4.1.2 제미나이 ⋯ 126
　4.1.3 클로드 ⋯ 127
　4.1.4 클로바 X ⋯ 128
　4.1.5 라마 ⋯ 129
　4.1.6 언어 모델 공개 플랫폼, 허깅페이스 ⋯ 129
　4.1.7 생성형 AI 서비스 사용해보기 ⋯ 131
4.2 생성형 AI의 한계 ⋯ 133
　4.2.1 맥락 이해 부족 문제 ⋯ 133
　4.2.2 데이터 편향성 문제 ⋯ 136
　4.2.3 환각 현상 ⋯ 137
　4.2.4 일관성 부족 문제 ⋯ 139
　4.2.5 윤리적 문제 ⋯ 140
4.3 생성형 AI의 한계를 극복하는 방법 ⋯ 145
　4.3.1 프롬프트 엔지니어링 ⋯ 145
　4.3.2 RAG ⋯ 150
　4.3.3 AI 모델 자체의 성능 개선 ⋯ 152
4.4 생성형 AI로 보고서, 문자, 이메일 작성하기 ⋯ 156
　4.4.1 보고서 작성 ⋯ 156
　4.4.2 문자와 이메일 작성 ⋯ 162

5장 이미지/오디오 생성형 AI

5.1 달리, 제미나이, 미드저니, 스테이블 디퓨전 … 172
    5.1.1 대표적인 이미지 생성형 AI 서비스 … 172
    5.1.2 이미지 생성형 AI의 발전 과정 … 176
    5.1.3 이미지 생성형 AI의 작동 원리 … 178
    5.1.4 이미지 생성형 AI의 활용 사례 … 179

5.2 이미지 생성형 AI로 그림 동화 만들기 … 182
    5.2.1 그림 동화 만들기 … 182

5.3 뮤직LM, 오디오크래프트, 스테이블 오디오, 수노, 유디오 … 190
    5.3.1 대표적인 오디오 생성형 AI 서비스 … 190
    5.3.2 오디오 생성형 AI의 발전 과정 … 194
    5.3.3 오디오 생성형 AI의 작동 원리 … 195
    5.3.4 오디오 생성형 AI의 활용 사례 … 197

5.4 오디오 생성형 AI로 음악 만들기 … 200
    5.4.1 나만의 추억 음악 만들기 … 200

6장 AI와 함께하는 내일

6.1 직업 환경의 변화 … 206
    6.1.1 변화하는 직업 세계 … 206
    6.1.2 빠르게 진화하는 AI 기술 … 209

6.2 분야별 협업 사례 … 211
    6.2.1 콘텐츠 생성 … 211
    6.2.2 교육의 개인화 … 212
    6.2.3 바이브 코딩 … 212
    6.2.4 AI 에이전트와의 협업 … 213

6.3 AI 시대를 살아가는 인간의 역할과 준비 … 215
    6.3.1 미래를 위한 역량 개발 … 215
    6.3.2 균형 잡힌 AI 활용 … 216
    6.3.3 함께 만들어가는 AI 시대 … 216

찾아보기 … 218

CHAPTER 1

생성형 AI란 무엇인가
인간의 작업 방식을 변화시키는 AI

1.1 생성형 AI의 정의
1.2 생성형 AI의 분류
1.3 생성형 AI의 역할과 미래 전망

프 | 리 | 뷰

2016년, 알파고가 이세돌 9단과의 바둑 대결에서 이겼던 순간을 기억하나요? 그때 이후로 AI는 공상과학의 영역이 아닌 실존하는 기술로 알려졌고, 2022년에 챗GPT가 출시된 후 우리의 일상생활에 깊이 파고들었습니다. 오늘날 AI는 글을 쓰고, 그림을 그리고, 작곡을 하는 등 과거에는 인간만이 할 수 있다고 여겨졌던 창의적인 작업까지 수행합니다. 이러한 변화로 인해 인간이 일하고 생각하는 방식이 바뀌면서 진정한 의미의 4차 산업혁명이 가속되고 있습니다.

이 장에서는 생성형 AI란 무엇인지, 기존 AI 기술과 어떤 차이점이 있고 세부적으로 어떻게 나뉘는지 알아봅니다. 또한 생성형 AI를 어떻게 바라봐야 할지에 대해서도 짚어봅니다.

1.1 생성형 AI의 정의

아침에 음성 비서에게 "오늘 날씨 어때?"라고 물어보는 순간부터 AI(인공지능)와 함께하는 하루가 시작됩니다. 유튜브나 인스타그램에서 내가 좋아할 만한 콘텐츠를 보여주고, 온라인 쇼핑몰에서 내 취향에 맞는 상품을 추천하는 것 역시 AI 덕분입니다. 또한 내비게이션은 목적지까지의 가장 빠른 경로를 찾아주고, 스마트워치는 내 운동량과 건강 데이터를 분석해 건강 관리를 돕습니다. 이처럼 AI가 일상생활에 녹아들어 있어 우리는 편리한 삶을 누리고 있습니다.

생성형 AI(generative AI)는 기존 AI 기술에서 한 단계 더 발전한 것으로, 인간과 비슷한 수준의 창의적인 결과물을 만들어낼 수 있습니다. 기존 AI가 데이터를 분석해 결과를 예측하거나 추천하는 데 집중했다면, 생성형 AI는 이를 넘어 새로운 콘텐츠를 생성합니다. 오늘날 생성형 AI는 인간의 업무 효율성을 획기적으로 높이는 도구로 주목받고 있습니다.

1.1.1 생성형 AI의 기술적 위치

생성형 AI는 어떤 기술적 배경에서 탄생했을까요? **그림 1-1**은 생성형 AI의 기술적 위치를 보여줍니다.

그림 1-1 생성형 AI의 기술적 위치

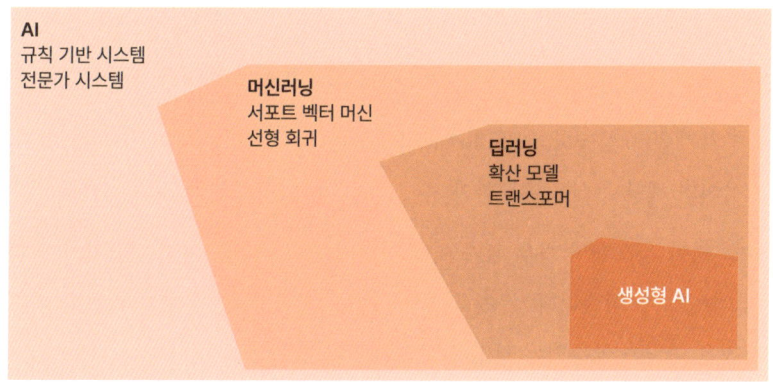

AI는 인간의 지능을 모방하는 넓은 개념의 기술이고, 여기에 포함된 머신러닝은 AI가 스스로 학습하게 하는 방법입니다. 그리고 딥러닝은 머신러닝 중에서도 인공 신경망을 활용해 복잡한 문제를 해결하는 기술입니다. 생성형 AI는 이 딥러닝 기술을 이용해 기존 데이터를 분석하고, 이를 바탕으로 새로운 콘텐츠를 만들어내는 기술입니다.

그림 초창기 AI인 규칙 기반 시스템이 어떻게 머신러닝, 딥러닝을 거쳐 생성형 AI로 발전했는지 알아봅시다.

1.1.2 규칙 기반 시스템

초창기 AI는 전문가의 결정 방식을 모방해 구현하는 데 주력했습니다. 대표적인 예가 명확한 규칙과 조건을 기반으로 문제를 해결하는 **규칙 기반 시스템**(rule-based system)입니다.

주식 거래 전문가를 모방하는 주식 거래 AI를 규칙 기반 시스템으로 개발한다고 가정해봅시다. 이 시스템에서는 전문가의 결정 과정을 일련의 규칙으로 정의하고, 이를 조건에 따라 자동 실행하도록 설계합니다. 예를 들어 다음과 같은 규칙을 AI에 입력하면 AI는 설정된 조건이 충족될 때 자동으로 매수 또는 매도를 실행합니다.

- 주가가 10% 하락하고 거래량이 50% 증가하면 해당 주식을 매수한다.
- 주가가 20% 상승하고 RSI(Relative Strength Index, 상대 강도 지수)가 70 이상이면 해당 주식을 매도한다.

규칙 기반 시스템의 경우 AI가 어떤 규칙에 따라 행동하는지 사용자가 명확히 이해할 수 있습니다. 규칙을 명확히 알고 있기 때문에 AI가 다음에 어떤 결정을 내릴지 예측되는 것입니다.

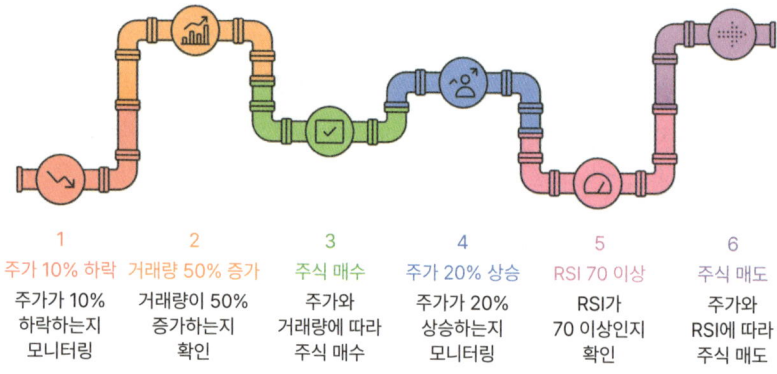

그림 1-2 규칙 기반 시스템이 적용된 주식 거래 AI

하지만 몇 가지 근본적인 한계가 존재합니다. 새로운 상황이 발생할 때마다 사람이 직접 규칙을 추가해야 하기 때문에 관리하기가 어렵고 확장성이 떨어집니다. 미리 정의하지 못한 새로운 상황(예: 경제 위기, 팬데믹, 전쟁)이 닥쳤을 때 제대로 대응하지 못하는 문제도 있습니다. 규칙 기반 시스템은 최근까지도 다양한 서비스에 활용되고 있지만 복잡하고 유동적인 현실 세계의 문제를 해결하기에는 부족한 점이 있습니다.

1.1.3 스스로 학습하는 머신러닝

규칙 기반 시스템의 한계를 극복하기 위해 머신러닝이 등장했습니다. **머신러닝**(machine learning, 기계학습)은 사람이 지정한 데이터의 **특징**(feature)을 스스로 학습하며 데이터 안에서 패턴을 찾아내는 방식으로 작동하는 기술입니다.

만약 주식 거래 AI를 머신러닝으로 구현한다면 머신러닝 기반 AI는 지난 10년간 한국 주식 시장의 가격 데이터를 분석해 다음과 같은 패턴을 찾아냅니다.

- 특정 주식의 가격이 3일 내에 15% 하락하고 거래량이 70% 증가하면 그 주식이 다음 주에 상승할 확률은 90%이다.
- 특정 주식의 가격이 지난 5일간 다른 주식 대비 20% 이상 상승하면 그 주식이 다음 주에 하락할 확률은 60%이다.

머신러닝 기반 주식 거래 AI는 이 같은 패턴을 활용해 미래의 주가 변동을 예측하고 스스로 매수 또는 매도 결정을 내립니다. 즉 머신러닝은 규칙 기반 시스템과 달리 데이터를 이용해 규칙을 발견하기 때문에 사람이 일일이 규칙을 설정할 필요가 없고, 사람이 미처 파악하지 못한 더 복잡한 상황에 대처할 수도 있습니다.

그림 1-3 머신러닝 기반 주식 거래 AI

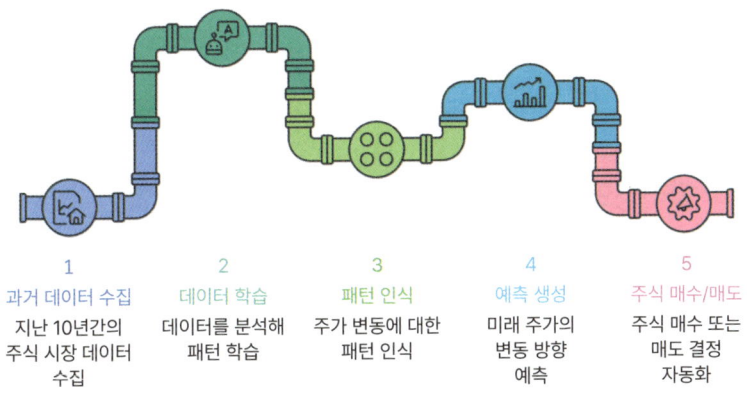

1	2	3	4	5
과거 데이터 수집	데이터 학습	패턴 인식	예측 생성	주식 매수/매도
지난 10년간의 주식 시장 데이터 수집	데이터를 분석해 패턴 학습	주가 변동에 대한 패턴 인식	미래 주가의 변동 방향 예측	주식 매수 또는 매도 결정 자동화

하지만 머신러닝에도 다음과 같은 한계가 있습니다.

첫째, 학습 데이터에서 어떤 특징을 중점적으로 학습할지는 사람이 선택합니다. 따라서 중요한 특징을 제대로 골라주지 않으면 AI의 성능이 떨어질 수 있습니다.

둘째, 학습 데이터의 품질과 양이 큰 영향을 미치기 때문에 데이터가 부족하거나 편향되면 AI의 판단이 왜곡될 가능성이 높습니다.

셋째, 규칙 기반 시스템과 달리 AI가 내린 결론이 어떻게 도출된 것인지 이해하기 어렵습니다. 일부 모델(model, 데이터로부터 패턴을 학습해 예측이나 의사 결정을 수행하는 수학적 알고리즘 구조)은 예측의 근거를 알려주지만 대부분의 모델은 단순히 예측 결과만 제공하기 때문에 그 이유를 파악하기 힘든 경우가 많습니다.

넷째, 머신러닝은 학습한 규칙을 자동으로 수정하지 않기 때문에 새로운 시장 상황이 발생하면 추가로 데이터를 학습시켜야 합니다.

데이터를 기반으로 스스로 학습하는 머신러닝은 규칙 기반 시스템의 한계를 극복하는 데 큰 역할을 했습니다. 하지만 복잡한 문제를 해결하거나 방대한 데이터에서 고차원적인 패턴을 정확히 파악하고 판단하는 데에는 여전히 한계가 있습니다. 머신러닝 모델이 효과적으로 작동하려면 사람이 직접 데이터에서 중요한 특징을 골라 입력해줘야 한다는 것도 문제입니다. 그래서 등장한 것이 바로 딥러닝입니다.

1.1.4 딥러닝의 등장

딥러닝(deep learning)은 말 그대로 더욱 깊은 구조의 신경망(neural network, 인간의 뇌처럼 데이터를 보고 배우고 판단하는 구조)을 이용해 데이터를 더 깊고 복잡하게 학습하는 기술입니다. 사실 딥러닝은 1900년대 중반에 처음 개발된 기술로, 그 역사가 꽤 오래됐습니다. 하지만 컴퓨터의 성능이 역부족이라 제대로 활용되지 못하다가 2010년대에 들어 컴퓨팅 기술이 급속도로 발전하면서 주목받게 됐습니다.

머신러닝은 어떤 데이터를 사용할지 그리고 데이터의 어떤 특징을 사용할지 사람이 직접 정해줘야 합니다. 예컨대 머신러닝 기반 주식 거래 AI의 경우 '주가 하락률', '거래량 변화율' 등 머신러닝이 주의 깊게 고려해야 할 특징을 지정해야 합니다.

반면 딥러닝은 사람이 일일이 특징을 정해주지 않아도 스스로 데이터에서 중요한 특징을 찾아냅니다. 딥러닝 기반 주식 거래 AI는 머신러닝 기반 AI보다 훨씬 더 많은 정보를 학습하고 복잡한 패턴을 발견해 거래 수익률을 크게 향상했습니다(이는 두 기술을 단순히 비교한 예일 뿐이며, AI가 주식 시장을 완벽히 정복한 것은 아닙니다).

1.1.5 생성형 AI로의 발전

2010년대부터 딥러닝은 AI 기술의 본격적인 혁신을 이끌었습니다. 데이터 분석과 예측에 그치지 않고 텍스트, 이미지, 오디오 같은 창의적인 결과물을 만들어내는 생성형 AI 분야로 빠르게 진출하기 시작했습니다.

2015년, 이미지 분류·탐지·인식 성능을 겨루는 대회인 ILSVRC(ImageNet Large Scale Visual Recognition Challenge)에서 레스넷(ResNet)이라는 모델은 사람보다 더 높은 이미지 분류 정확도를 기록했습니다. 2016년에는 구글이 개발한 AI인 알파고(AlphaGo)가 이세돌 9단과의 바둑 대결에서 승리를 거두며 사람들에게 큰 충격을 안겨줬습니다. 또한 구글 연구 팀이 2017년에 발표한 트랜스포머(Transformer, 문장의 의미와 순서를 동시에 파악해 말하는 구조)는 기존 AI의 자연어 처리 성능을 획기적으로 개선한 모델로, 인간이 언어를 이해하는 방식을 모사했습니다.

2020년에는 이미지 분야에서 확산 모델(diffusion model, 이미지를 흐리게 만들었다가 거꾸로 선명하게 복원하면서 새 이미지를 생성하는 구조)이라는 새로운 딥러닝 모델이 등장했습니다. 자연스러운 이미지를 생성하는 확산 모델은 이미지 생성형 AI의 대표 기술로 자리 잡았습니다.

새로운 용어들이 계속 튀어나오니 어렵게 느껴지나요? 구체적인 원리는 뒤에서 살펴볼 테니 지금은 다양한 딥러닝 모델이 도입돼 텍스트, 이미지, 오디오 등의 창의적인 결과물을 만들어내는 생성형 AI 기술로 발전하고 있다는 사실만 알아두세요.

1.2 생성형 AI의 분류

생성형 AI는 딥러닝의 한 종류이기 때문에 기본적으로 매우 많은 양의 데이터를 학습합니다. 학습에 사용하는 데이터는 텍스트, 이미지, 오디오로 구분할 수 있고, 이에 따라 언어 생성형 AI, 이미지 생성형 AI, 오디오 생성형 AI로 분류됩니다.

표 1-1 생성형 AI의 분류

구분	언어 생성형 AI	이미지 생성형 AI	오디오 생성형 AI
대표 모델	• 순환 신경망(RNN) • GPT	• 생성적 적대 신경망 (GAN) • 확산 모델	• 다중 트랙 음악 생성을 위한 생성적 적대 신경망(MuseGAN)
사용 분야	• 콘텐츠 생성 • 프로그램 코드 작성 • 에세이 작성 • 질의·응답 챗봇	• 이미지 생성 • 이미지 변환 • 3D 모델링 • 동영상 생성	• 텍스트-음성 변환 (TTS) • 음성-텍스트 변환 (STT) • 음악 생성

1.2.1 용어 정리

생성형 AI의 종류를 본격적으로 살펴보기 전에 용어를 짚고 넘어가겠습니다. 책이나 인터넷 자료에서는 'AI, AI 모델, AI 서비스'라는 말을 흔히 볼 수 있는데, 이 세 가지 용어는 비슷한 것 같지만 의미가 다릅니다.

AI(Artificial Intelligence)란 인간의 사고방식과 학습 능력을 모방해 복잡한 문제를 해결하거나 특정 작업을 자동화하는 기술을 말합니다. 학습, 추론, 문제 해결, 언어 이해, 시각 인식 등 지능의 특정 기능을 자동화하려는 전반적인 기술 분야입니다.

AI 모델(AI model)은 AI를 실현하기 위해 학습된 시스템을 말합니다. 방대한 데이터를 학습해 패턴을 발견하고, 이를 바탕으로 새로운 입력에 대해 예측하거나 판단을 내리는 역할을 합니다. 예를 들어 GPT-3.5는 언어 생성 모델이고, 스테이블 디퓨전은 이미지 생성 모델입니다(이는 뒤에서 자세히 다룰 것입니다).

AI 서비스(AI service)는 AI 모델을 이용해 사용자에게 직접 기능을 제공하는 애플리케이션을 의미합니다. 즉 사용자가 접하는 실질적인 형태의 응용 프로그램으로, 사용자와 AI 모델 사이의 인터페이스 역할을 합니다. 예를 들어 챗GPT(ChatGPT)는 GPT 모델을 기반으로 한 대화형 서비스이고, 구글 번역(Google Translate)은 번역용 NLP(Natural Language Processing) 모델을 기반으로 한 서비스입니다. AI 모델과 AI 서비스의 이름이 같은 경우도 있으니 두 가지를 구분해 이해하기 바랍니다.

그림 1-4 **AI 서비스와 AI 모델**

세 가지 용어의 차이점을 이해했을 테니 이제 생성형 AI의 종류를 각각 살펴봅시다.

1.2.2 언어 생성형 AI

언어 생성형 AI는 대량의 텍스트 데이터를 학습해 인간처럼 글을 이해하고 작성할 수 있는 AI로, 대형 언어 모델을 기반으로 작동합니다. 인간은 오랫동안 정보를 텍스트로 저장하고 공유해왔습니다. 책, 신문, 논문, 뉴스 등의 텍스트 데이터는 이미지, 오디오와 같은 데이터에 비해 저장 및 처리가 용이하므로 AI의 학습에 적합합니다.

언어 생성형 AI는 이전의 정보를 기억해 다음 결과를 예측하는 구조인 순환 신경망과, 대규모 텍스트 데이터로 사전 학습된 언어 모델인 GPT 같은 딥러닝 기술을 기반으로 빠르게 발전했습니다.

같은 포털 사이트라도 구글(Google)은 검색에 특화되고 네이버(Naver)는 자체 콘텐츠와 쇼핑에 특화됐듯이 언어 생성형 AI에도 각기 다른 특성의 다양한 서비스가 존재합니다.

- **챗GPT(chatgpt.com):** 언어 생성형 AI의 대표 격으로, 단순히 사용자의 질문에 답하는 것을 넘어 블로그 글쓰기, 프로그램 코드 작성, 에세이 작성 등 다양한 창작 영역에 활용되고 있습니다. 2024년, 미국의 시장 조사 기관인 퓨리서치센터(Pew Research Center)에 따르면 30세 미만 미국 인구 중 43%가 일상생활에서 챗GPT를 사용하고 있고 그 비율이 급상승하고 있습니다.

- **제미나이(gemini.google.com):** 구글 딥마인드(DeepMind)가 출시한 생성형 AI 서비스로, 텍스트뿐만 아니라 이미지 등 다양한 데이터를 처리할 수 있는 멀티모달 서비스를 제공합니다.

- **클로드(claude.ai):** 챗GPT를 만든 오픈AI(OpenAI) 출신 연구원들이 설립한 앤트로픽(Anthropic)에서 개발한 챗봇 서비스로, 안전하고 윤리적인 AI를 목표로 하며 긴 문맥을 잘 처리합니다.

- **클로바 X(clova-x.naver.com):** 네이버에서 2023년에 출시한 생성형 AI 서비스로, 한국어 데이터에 특화된 언어 모델인 하이퍼클로바 X를 기반으로 만들어졌습니다.
- **라마(llama.com):** 메타(Meta, 구 페이스북)에서 개발한 언어 생성형 AI 모델로, 소스 코드가 무료로 공개돼 있습니다. 라마를 이용하면 누구나 언어 생성형 AI 서비스를 개발할 수 있습니다.

각 서비스의 특징과 사용법은 **4장**에서 자세히 살펴보겠습니다.

1.2.3 이미지 생성형 AI

이미지 생성형 AI는 텍스트를 기반으로 이미지를 생성하거나, 기존 이미지를 변형하거나, 3D 모델링과 같은 복잡한 이미지 작업을 수행하는 AI입니다. 최근에는 동영상 생성 기술까지 발전해 광고, 영화, 게임 등 시각적 콘텐츠 제작 전반에 걸쳐 중요한 도구로 자리 잡았습니다.

그림 1-5 이미지 생성형 AI의 활용 예

이 기술은 생성적 적대 신경망(GAN, Generative Adversarial Networks, 두 AI

가 서로 경쟁하면서 더 정교한 가짜 데이터를 만들어내는 구조)과 확산 모델 등을 기반으로 발전해왔습니다. 대표적인 이미지 생성형 AI 서비스는 달리, 미드저니, 스테이블 디퓨전 등이고, 동영상 생성형 AI 서비스로 소라가 있습니다.

- **달리(openai.com/index/dall-e-3)**: 오픈AI에서 개발한 이미지 생성형 AI 서비스입니다. 챗GPT 서비스에 통합돼 있으며, 입력받은 텍스트를 기반으로 정교하고 창의적인 이미지를 생성합니다.

- **미드저니(midjourney.com)**: 예술적인 이미지 생성에 특화된 AI 서비스로, 디자이너와 예술가가 아이디어 스케치나 콘셉트 아트를 빠르게 생성하는 데 주로 활용하고 있습니다.

- **스테이블 디퓨전(stablediffusionweb.com)**: 스태빌리티AI(Stability AI)에서 만든 이미지 생성 모델로, 고해상도 이미지 생성에 특화됐습니다. 소스 코드가 무료로 공개돼 있어 많은 사용자가 다양한 이미지 생성 서비스 개발에 활용하고 있습니다.

- **소라(sora.chatgpt.com/explore)**: 오픈AI의 동영상 생성형 AI 서비스로, 텍스트를 입력하면 실제와 같은 동영상을 만들어줍니다. 동영상의 품질이 매우 사실적이며, 입력된 내용을 잘 반영해 광고 및 동영상 콘텐츠 제작 분야에서 주목받고 있습니다. 챗GPT 서비스에 통합돼 있으며, 챗GPT 유료 사용자라면 이용할 수 있습니다.

각 서비스의 특징과 사용법은 **5장**에서 자세히 살펴보겠습니다.

이미지 생성형 AI는 언어 생성형 AI보다 늦게 알려지기 시작했으나 개인 창작자와 기업 사이에서 혁신적인 도구로 빠르게 퍼지고 있습니다. 이 기술을 사용하면 광고 디자이너는 광고 시안을 신속하게 제작할 수 있고, 영화 제작자는 시각적 효과를 손쉽게 구현할 수 있습니다. 일반 사용자도 이미지 생성형 AI를 사용해 상상 속의 영감을 실제로 구현하고 개인 프로젝트나 예술 활동에 담아낼 수 있습니다.

이미지 생성형 AI는 앞으로 동영상 제작, 게임 개발, 증강현실(AR), 가상현실(VR) 등 다양한 분야로 확장될 가능성이 높습니다. 시각적인 결과물의 경우 사람들에게 주는 충격이 더 크고 그 활용 범위가 매우 넓은 만큼 발전이 더욱 기대되는 분야입니다.

1.2.4 오디오 생성형 AI

오디오 생성형 AI는 음성, 음악, 효과음 등 다양한 소리를 만드는 AI입니다. 앞서 설명한 두 기술보다는 상대적으로 덜 알려졌으나 최근 빠른 속도로 발전하며 다양한 분야에서 관심을 모으고 있습니다.

오디오 생성형 AI의 핵심 기술은 텍스트를 음성으로 변환하는 TTS(Text-To-Speech), 음성을 텍스트로 변환하는 STT(Speech-To-Text), 텍스트 입력만으로 새로운 음악을 제작하는 음악 생성입니다. 각 기술의 대표 서비스는 다음과 같습니다.

- **클로바 더빙(clovadubbing.naver.com):** 네이버의 클로바에서 제공하는 더빙 서비스입니다. 한국어 텍스트-음성 변환(TTS) 기술에 특화돼 자연스러운 음성을 생성하며, 유튜브 크리에이터나 교육 콘텐츠 제작자가 더빙 영상 제작에 많이 이용하고 있습니다.

- **클로바 노트(clovanote.naver.com):** 네이버의 클로바에서 제공하는 음성-텍스트 변환(STT) 서비스입니다. 대화 내용을 텍스트로 변환할 수 있어 회의록 작성, 자막 생성 등에 유용합니다.

- **수노(suno.com), 유디오(www.udio.com):** 둘 다 오디오 생성형 AI로, 수노는 2023년에 수노(Suno)에서 처음 공개했고, 유디오는 2024년에 구글 딥마인드 출신 연구자들이 처음 공개했습니다. 둘 다 '잔잔한 피아노 선율의

배경 음악', '활기찬 록 음악'과 같은 텍스트를 입력하면 이를 기반으로 음악을 만들어주는 서비스입니다.

각 서비스의 특징과 사용법은 **5장**에서 자세히 살펴보겠습니다.

오디오 생성형 AI는 언어 생성형 AI와 이미지 생성형 AI에 비해 발전의 여지가 큰 분야입니다. 따라서 앞으로 우리에게 더욱 다양한 가치를 제공할 것입니다.

지금까지 언어 생성형 AI, 이미지 생성형 AI, 오디오 생성형 AI의 개념과 대표적인 서비스를 간략히 소개했습니다. 세 기술은 다양한 형태로 조합돼 활용되기도 합니다. 예를 들어 언어 생성형 AI 모델과 이미지 생성형 AI 모델을 조합해 문제 이미지를 보여주고 풀어달라고 할 수 있습니다. 이렇게 텍스트, 이미지, 오디오 등의 다양한 정보를 동시에 이해하고 처리할 수 있는 AI 모델을 **대형 멀티모달 모델**(LMM, Large Multimodal Model)이라고 합니다.

1.3 생성형 AI의 역할과 미래 전망

AI가 글도 쓰고, 그림도 그리고, 음악도 작곡하는데, 과연 이 기술은 인간의 삶에 어떤 영향을 미칠까요? 생성형 AI는 왜 중요한 것일까요? 이 절에서는 생성형 AI가 우리 삶에서 어떤 역할을 할 수 있을지 그리고 이 기술을 앞으로 어떻게 바라봐야 할지 생각해봅시다.

1.3.1 도구로서의 생성형 AI

인류의 역사를 되돌아보면 도구가 발전함에 따라 인간이 일하는 방식이 달라졌습니다. 계산기를 예로 들어보겠습니다. 123,456×789,123의 결과를 얻으려면 과거에는 종이에 써가며 계산해야 했습니다. 하지만 지금은 계산기의 버튼을 몇 번만 누르면 답을 얻을 수 있습니다. 계산기라는 도구가 작업 방식을 완전히 바꿔놓은 것입니다.

컴퓨터도 마찬가지입니다. '계산을 하는 기계(computer)'라는 의미의 이름에서 알 수 있듯이 컴퓨터는 계산을 재빨리 하기 위한 도구로 개발됐습니다. 하지만 점점 발전을 거듭해 지금은 거의 모든 업무에 사용되고 있습니다. 또한 개발자라는 직업이 생겨나 인간의 일을 도울 수 있도록 알고리즘을 만들고 이를 프로그램으로 구현하고 있습니다.

생성형 AI 역시 하나의 도구로 등장했습니다. 챗GPT 같은 대형 언어 모델은 글쓰기뿐만 아니라 높은 수준의 프로그래밍도 수행합니다. 자주 쓰이는 코드를 작성하거나 작성된 코드를 최적화하는 일쯤은 거뜬히 해냅니다. 일상의 언어로 명령을 내릴 수 있기 때문에 프로그래밍을 공부하지 않은 사람도 프로그램을 만들 수 있습니다.

그렇다면 생성형 AI는 인간이 하는 일을 완전히 대체할 수 있을까요? 그렇지는 않습니다. AI가 도와줄 수 있는 영역이 확장된 것일 뿐 창의적이고 복잡한 작업은 여전히 인간의 몫입니다. 개발자의 업무 프로세스를 예로 살펴봅시다.

개발자 A는 회사에서 새 프로그램 개발을 맡았습니다. A의 업무 프로세스는 다음과 같습니다.

그림 1-6 개발자의 업무 프로세스

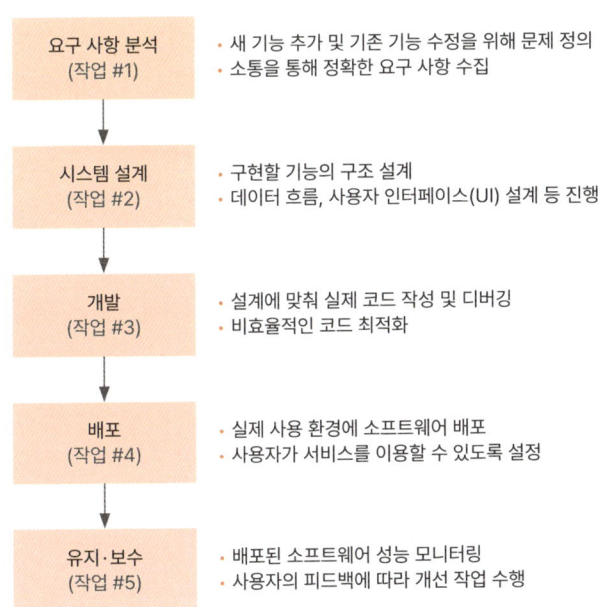

- **요구 사항 분석**

개발자 A는 새로운 기능을 추가할지, 기존 기능을 수정할지 등 프로그램의 목적과 방향을 명확히 정의합니다. 이를 위해 기획자나 상사와 소통하고 필요한 기능과 동작 방식에 대한 구체적인 요구 사항을 수집합니다. 만약 요청받은 기능의 구현이 현실적으로 불가능하다면 이를 설득력 있게 설명하고 대체 가능한 방법을 제안합니다.

- **시스템 설계**

요구 사항이 정리되면 시스템을 설계합니다. 이 단계에서는 프로그램의 구조를 설계하고, 데이터를 어떻게 저장할지, 버튼과 같은 UI 요소는 어떻게 배치할지 등을 세세히 계획합니다.

- **개발**

설계가 완료되면 비로소 개발 단계에 돌입합니다. 프로그래밍 언어를 사용해 코드를 작성하고, 오류가 발생하면 디버깅을 통해 해결합니다. 비효율적인 코드가 있다면 최적화해 사용자 경험을 원활하게 만듭니다. 이렇게 코드 개발을 마무리하면 프로그램의 초기 버전이 완성됩니다.

- **배포**

프로그램이 완성되면 배포합니다. 프로그램을 실제 환경에 배포해 사용자가 다운로드하거나 웹을 통해 서비스를 이용할 수 있도록 설정합니다.

- **유지·보수**

이 단계에서는 사용자의 리뷰와 피드백을 바탕으로 프로그램을 개선하고, 필요하다면 새로운 기능을 추가해 재배포합니다. 유지·보수와 안정화 작업이 마무리되면 A는 새로운 개발 프로젝트를 할당받아 다시 처음부터 같은 프로세스를 반복합니다.

이 예는 개발자의 업무 프로세스를 간단히 요약한 것입니다. 실제 개발자는 이보다 훨씬 더 많은 작업과 복잡한 과정을 수행하는데, 이때 AI만으로 업무의 모든 단계를 처리할 수는 없습니다. 계산기가 있어도 어린아이가 고등학생 수준의 수학 문제를 풀 수 없고, 아무리 똑똑한 컴퓨터라도 인간이 명령을 내리지 않으면 작동하지 않는 것과 마찬가지입니다.

생성형 AI는 개발자를 도와주는 강력한 도구로서 수개월이 걸리는 작업을 몇 주, 심지어 며칠 만에 끝마치도록 도와줄 것입니다. 앞으로 기술이 발전하더라도 여러 작업을 묶어 하나의 완결성 있는 일을 해내는 것은 여전히 인간의 역할일 것입니다.

생성형 AI 기술의 발전은 소프트웨어 개발뿐 아니라 다양한 분야의 직업에도 큰 변화를 가져올 것으로 예상됩니다. 인간의 작업 방식 자체에 변화가 생기고, 기존의 반복 업무는 AI가 맡게 될 것입니다. 생성형 AI는 어디까지나 창의력과 판단력을 지닌 인간의 역할을 보완하고 강화하는 보조 장치로서 인간이 더 나은 결과를 더 빠르게 창출할 수 있도록 지원합니다.

1.3.2 생성형 AI를 바라보는 자세

자전거를 탄 사람과 타지 않은 사람이 경주를 한다고 상상해봅시다. 결과는 뻔하고 불공평하다는 생각이 들 것입니다. 생성형 AI를 사용하는 사람과 그렇지 않은 사람이 경쟁하는 상황도 이와 다를 바 없습니다.

2024년 10월 11일, AI타임스(aitimes.com)는 미국에서 AI 자동 구직 프로그램이 인기를 얻고 있다고 보도했습니다. 누구나 무료로 다운로드해 사용할 수 있는 이 프로그램은 사용자가 자신의 이력을 입력하면 자동으로 인터넷에서 적합한 구인 공고를 찾아줍니다. 게다가 사용자가 원하는 공고를 선택하면 이력서와 자기소개서를 자동으로 작성하고 제출까지 대신해준다니 놀랍지 않나요? 기사에 따르면 한 사용자는 식당에서 아침 식사를 하는 도중에 무려 12개의 일자리에 지원했다고 합니다.

직업을 구하기 위해 직접 지원서를 작성하는 사람과 AI의 도움을 받는 사람 중 누가 더 효율적일까요? 이 경우 'AI라는 도구를 사용하면 안 된다'는 규칙이 아직은 없습니다.

그림 1-7 직접 지원서를 작성하는 사람과 AI를 이용하는 사람(출처: 달리로 생성)

지금은 자전거를 탄 수준에 비유할 수 있지만 AI 기술의 발전 속도가 점점 빨라져서 곧 자동차를 탄 수준으로 발전할 것입니다. 예를 들어 GPT의 발전 속도를 살펴봅시다. GPT는 2018년 GPT-1이 발표된 후 2025년 2월 기준으로 GPT-4.5까지 진화했습니다. 추론 능력 없이 단순히 확률적으로 다음에 올 단어를 예측하던 모델이 어느새 국제 수학 올림피아드(IMO)의 문제 풀이 정답률 83% 이상, IQ 테스트 점수 120을 넘길 만큼 특정 분야에서 인간의 지능 수준을 뛰어넘었습니다.

물론 모든 사람이 경쟁에서 뒤처지지 않기 위해 AI라는 도구를 직접 만들 필요는 없습니다. 하지만 AI가 어떻게 구성되고 작동하는지 이해하고 이를 친숙하게 사용할 수 있는 능력을 갖추는 것은 오늘날 기본적인 자세입니다. 그래야 다가올 미래의 급격한 변화에도 당황하지 않고 잘 적응할 수 있고, AI가 자동차를 넘어 비행기 수준으로 발전하더라도 당황하지 않고 자신 있게 조종간을 잡고 나아갈 수 있습니다.

CHAPTER
2

생성형 AI로
발전하기까지의 과정
머신러닝부터 대형 언어 모델까지

2.1 연어와 농어를 분류하는 머신러닝
2.2 인간의 뇌 구조를 본뜬 딥러닝
2.3 인간처럼 언어를 이해하는 트랜스포머
2.4 다음 단어를 예측해 문장을 만드는 대형 언어 모델

프 | 리 | 뷰

'AI'라고 하면 보통은 영화 〈터미네이터〉의 T-800이나 〈아이언맨〉의 자비스 같은 AI 비서가 떠오를 것입니다. 영화에 등장하는 AI는 든든한 조력자 역할을 하거나 때로는 인간을 위협하기도 하지만 한 가지 공통점이 있습니다. 단순한 기계가 아니라 스스로 학습하고 문제를 해결한다는 것입니다.

초기의 AI는 영화 속 AI처럼 스스로 상황을 이해하고 대응할 수 있는 수준이 아니었습니다. 처음에는 단순한 규칙을 따르는 시스템에 불과했지만 점점 더 복잡한 패턴을 학습하는 방향으로 발전했습니다. 이 장에서는 단순한 수학 공식에서 출발한 AI 기술이 어떻게 생성형 AI에 이르게 됐는지 알아봅니다.

2.1 연어와 농어를 분류하는 머신러닝

2.1.1 머신러닝의 등장 배경

도스(DOS) 운영체제를 사용하던 1990년대에는 챗봇 맥스(Max)가 유행했고, 2000년대에는 챗봇 심심이(SimSimi)가 선풍적인 인기를 끌었습니다. 맥스와 심심이는 입력받은 질문에 대해 인간이 미리 정해놓은 규칙을 기반으로 답변했습니다. 새로운 정보를 학습하는 기능이 없고 정해진 패턴 내에서만 대화했기 때문에 맥락에 맞지 않는 답변을 하기도 했습니다.

그림 2-1 챗봇 맥스와 심심이(출처: 추고넷, 심심이닷컴)

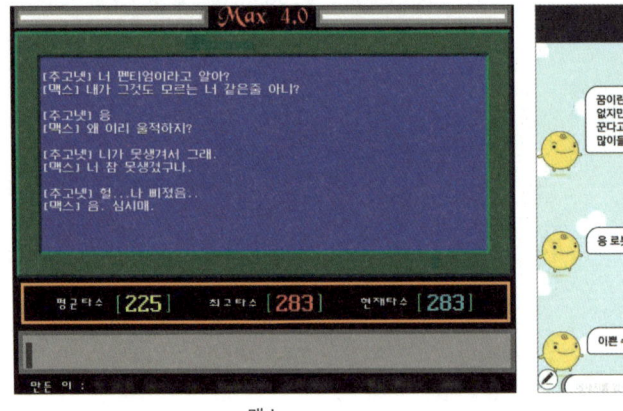

맥스 / 심심이

규칙 기반 시스템은 '이럴 때는 이렇게 행동하라'는 규칙을 사람이 직접 프로그래밍하는 방식입니다. 가령 스팸 메일을 차단하는 프로그램을 만든다면 "'무료', '당첨', '대출' 같은 단어가 포함되면 스팸 메일로 분류한다"는 식의 규칙을 정하고 이를 프로그래밍합니다.

하지만 이 방식은 치명적인 한계가 있습니다. 스팸 메일 차단 프로그램의 경우 인간이 직접 규칙을 설계하다 보니 기존 규칙만으로는 새로운 유형의 스팸 메일을 걸러내지 못합니다. 모든 상황을 미리 예측할 수 없기 때문에, 스팸 메일이 아닌데도 스팸 메일로 분류하는 일이 발생하기도 합니다. 게다가 다양한 상황을 예외로 처리하면 규칙이 너무 많아져서 관리하기가 어렵습니다.

규칙 기반 시스템의 한계를 극복하기 위해 학자들은 스스로 데이터를 통해 규칙을 학습하는 AI를 연구했습니다. 이 AI는 데이터를 입력하면 AI가 그 안에서 패턴을 찾아내는 방식으로 작동하는데, 이것이 바로 머신러닝입니다.

그렇다면 규칙 기반 시스템과 머신러닝의 차이점은 무엇이고, 머신러닝에서 패턴을 학습한다는 것은 어떤 의미일까요? 유명한 예시인 어부 이야기를 통해 이를 알아봅시다.

연어와 농어 자동 분류하기

한 어부가 살고 있는 지역에서는 연어와 농어만 잡혔습니다. 그래서 이 어부는 하루에 수백 마리씩 잡히는 연어와 농어를 분류하는 데 많은 시간을 썼습니다. 물고기를 일일이 눈으로 확인하고 분류했기 때문입니다.

그러던 차에 어부는 규칙만 넣으면 자동으로 물고기를 분류해주는 자동 분류 시스템이 있다는 것을 알게 됐습니다. 어부는 고민 끝에 자동 분류 시스템을 도입하기로 했습니다. 이 자동 분류 시스템은 물고기를 컨베이어 벨트 위에 올려놓으면 그 위에 설치된 카메라가 물고기를 촬영하고 AI가 이를 분석해 연어와 농어로 분류했습니다.

그림 2-2 연어와 농어 자동 분류 시스템(출처: 달리로 생성)

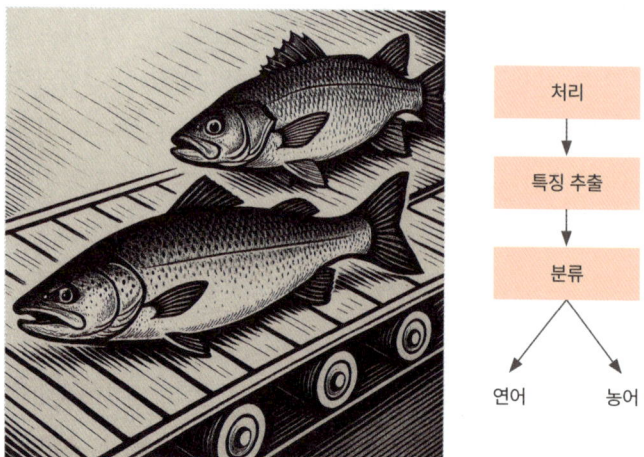

한 가지 특징을 활용하는 일차원 분류

어부가 도입한 자동 분류 시스템의 경우 연어와 농어로 분류하는 기준을 사람이 직접 정해줘야 합니다. 이는 규칙 기반 시스템에서 규칙을 만드는 과정이라고 할 수 있습니다. 두 종류의 물고기는 몇 가지 차이점이 있어 어부는 전날 잡은 연어와 농어의 길이, 밝기를 정리해 **그림 2-3**과 같은 분포 그래프를 그렸습니다.

그래프를 그려놓고 비교해보니 연어는 대체로 농어보다 길이가 짧았습니다. 즉 대부분의 연어는 15cm보다 짧고, 대부분의 농어는 15cm보다 길었습니다. 이 기준을 적용해 어부는 자동 분류 시스템에 '15cm보다 짧으면 연어, 15cm보다 길면 농어로 분류하기' 규칙을 넣었습니다.

그런데 규칙을 입력한 다음 날 문제가 발생했습니다. 길이만을 기준으로 분류했더니 생각보다 많은 물고기가 잘못 분류됐습니다. 15cm보다 짧은 농어도 있고 15cm보다 긴 연어도 있었기 때문에 잘못 분류된 물고기를 다시 분류하는 작업을 해야 했습니다.

그림 2-3 **연어와 농어의 길이, 밝기 분포 그래프**

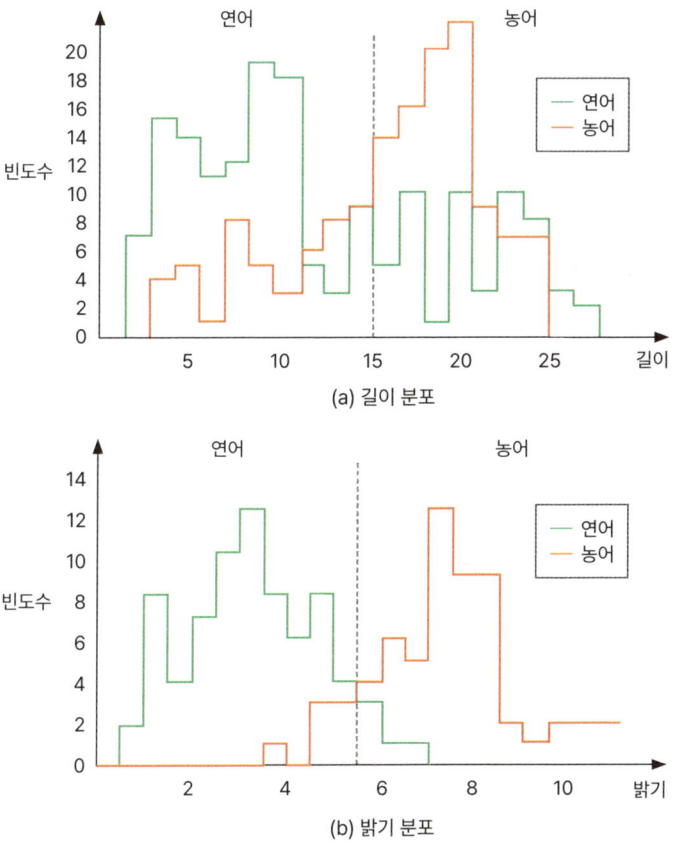

(a) 길이 분포

(b) 밝기 분포

문제를 해결하기 위해 어부는 연어와 농어를 좀 더 명확히 구분할 수 있는 특징인 밝기[**그림 2-3**의 (b)]를 기준으로 규칙을 다시 입력했습니다. 하지만 문제가 해결되지 않았고 결국 어부의 일은 줄어들지 않았습니다.

두 가지 특징을 활용하는 이차원 분류

길이와 밝기 중 하나의 특징만으로 물고기를 분류하는 기준은 너무 단순합니다. 이에 어부는 길이와 밝기, 두 가지 특징을 동시에 고려하는 좀 더 복잡한 기준을 설정하기로 했습니다. X축과 Y축으로 이뤄진 이차원 평면에 물고기의 길이와 밝기를 표시해 **그림 2-4**와 같은 그래프를 그렸습니다.

그림 2-4 길이와 밝기를 모두 적용한 분포 그래프

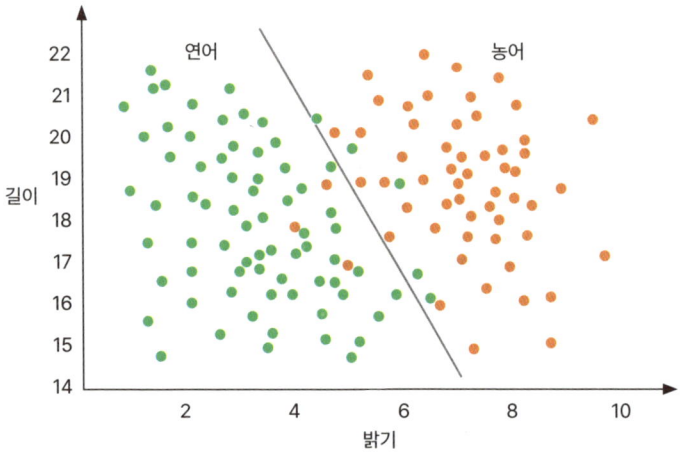

어부는 연어와 농어를 구분하는 직선을 그래프에 그었습니다. 어떤 값보다 크다, 작다로 구분하는 것을 넘어 이차원 평면에서 두 집단을 나누는 경계선을 설정한 것입니다.

어부는 자동 분류 시스템에 이 경계선을 규칙으로 입력하고, 물고기의 길이와 밝기를 모두 측정한 결과가 경계선의 왼쪽에 있으면 연어, 오른쪽에 있으면 농어로 분류하도록 명령했습니다. 이렇게 했더니 오류가 크게 줄어들었습니다. 여전히 잘못 분류되는 경우가 간혹 있었지만, 한 가지 특징만 적용했을 때보다 일이 훨씬 줄어들었습니다.

데이터의 중요성과 과적합의 위험성

어부가 물고기를 정확히 분류하기 위해 여러 특징을 조합하고 경계선을 찾아가는 과정을 통계적 패턴 인식이라고 합니다. AI 기술의 토대이기도 한 **통계적 패턴 인식**은 데이터에서 규칙적인 특성이나 경향을 찾아내 새로운 데이터를 분류하거나 예측하는 방법입니다.

그런데 어부의 이야기는 여기서 끝이 아닙니다. 연어와 농어에 대한 데이터는 과거의 데이터이므로 맹신해서는 안 됩니다.

경계선을 그려 연어와 농어를 분류한 어부는 하루에 한두 번 발생하는 오류마저 없애 완전한 자동화를 이루고 싶었습니다. '경계선을 좀 더 정교하게 그리면 되지 않을까?'라고 생각한 어부는 다음과 같이 이차원 평면에 연어와 농어를 완벽하게 구분하는 경계선을 그린 다음, 이를 자동 분류 시스템에 규칙으로 넣었습니다.

그림 2-5 경계선을 정교하게 표시한 분포 그래프

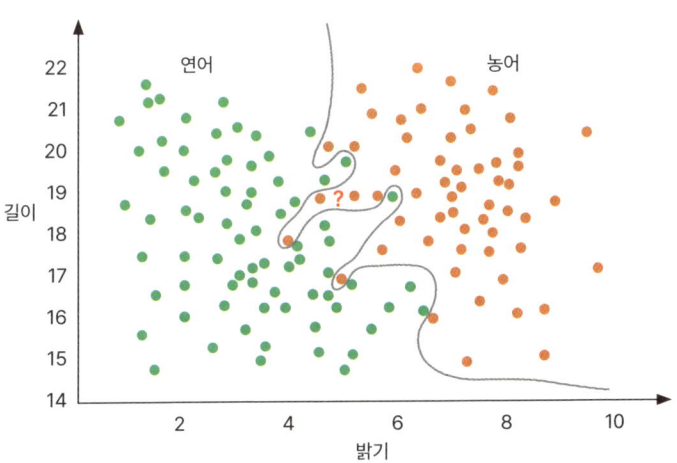

그런데 예상과 달리 자동 분류 시스템의 실수가 더 많아졌습니다. 그도 그럴 것이 새로 그린 경계선은 그것을 그릴 당시 수집된 데이터에 대해서는 완벽하게 분류할 수 있었지만, 새로 수집된 데이터에 대해서도 완벽하게 분류한다고 확정할 수 없었습니다. 예컨대 **그림 2-5**에서 물음표로 표시된 부분에 위치한 물고기는 농어가 맞을까요? 일반적으로는 오히려 연어의 특징을 더 많이 가지고 있기 때문에 연어일 확률이 높습니다. AI에서는 이러한 문제를 과적합이라고 합니다.

과적합(overfitting)은 AI 모델이 훈련 데이터에만 지나치게 맞춰져 새로운 데이터에 대해서는 잘 작동하지 않는 현상을 말합니다. 이는 시험 문제의 답을 달달 외운 학생이 똑같은 시험에서는 100점을 받지만, 새 문제가 출제된 시험에서는 형편없는 점수를 받는 것과 같습니다.

과적합은 머신러닝이나 딥러닝에서도 발생할 수 있으며, AI 모델이 적절한 분류 기준을 설정하고 경계선의 복잡도를 조절하는 방법으로 해결합니다. 이를 어부의 자동 분류 시스템에 적용하면 다음과 같습니다. 이전의 꼬불꼬불한 경계선을 곡선 모양으로 단순화해 과적합으로 인한 오류를 최대한 줄였습니다.

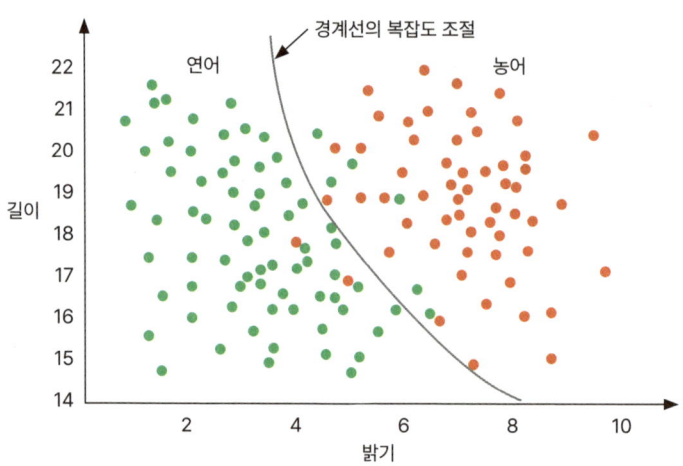

그림 2-6 **분류 기준을 설정하고 경계선의 복잡도를 조절한 결과**

분류 기준을 자동으로 설정하는 기술

머신러닝은 인간이 정해준 규칙을 그대로 따르는 것이 아니라 데이터를 기반으로 스스로 규칙과 패턴(**그림 2-6**의 경계선)을 찾아내는 기술입니다. 어부가 연어와 농어를 분류하기 위해 길이와 밝기뿐만 아니라 지느러미의 길이, 꼬리의 모양, 몸통 두께, 눈의 크기 등과 같은 특징을 이용하고자 한다면, 머신러닝에서는 이러한 특징을 설정만 하면 AI 모델이 알아서 가장 효과적으로 연어와 농어를 분류할 수 있는 특징의 조합과 그에 따른 기준을 학습해 찾아냅니다. 인간이 종이에 그리기 힘든 복잡한 차원의 공간에서 작업해 최적의 경계선을 찾는 것입니다.

여기서 중요한 점은, 머신러닝에서도 특징을 선정하고 입력하는 주체가 여전히 인간이라는 사실입니다. 즉 머신러닝은 사용자가 제공한 특징을 바탕으로 데이터에서 자동으로 패턴을 발견하고 다차원적인 경계선을 설정합니다. 이는 특징마저 스스로 찾아내는 딥러닝과 대비되는데, 딥러닝 기술은 뒤에서 자세히 다루겠습니다.

다시 어부의 이야기로 돌아와, 어부는 자동 분류 시스템에 머신러닝 기술이 적용됐다는 소식을 들었습니다. '길이가 얼마면 농어', '밝기가 얼마면 연어'와 같은 규칙을 직접 입력할 필요가 없게 됐습니다. 대신 과거에 잡은 물고기의 길이와 밝기, 지느러미의 길이 등 다양한 특징을 담은 데이터를 제공했고, 이를 받은 자동 분류 시스템이 알아서 데이터를 분석해 물고기를 분류하는 최적의 경계선을 그렸습니다.

이때부터 자동 분류 시스템은 데이터를 기반으로 한 복잡한 다차원 경계선을 만들어 이전보다 더 높은 정확도로 물고기를 분류할 수 있게 됐습니다. 덕분에 어부는 효율적으로 연어와 농어를 분류하고 시간도 절약할 수 있어 사업이 번창했습니다.

2.1.2 머신러닝의 핵심 기법

어부가 도입한 자동 분류 시스템은 머신러닝을 활용해 성공적으로 연어와 농어를 분류했습니다. 이 과정에서 머신러닝은 스스로 다양한 특징으로부터 패턴을 학습하고, 데이터를 가장 잘 분류할 수 있는 경계선을 찾았습니다.

그런데 한 가지 궁금증이 생깁니다. 머신러닝은 어떤 원리로 데이터를 구분하는 경계선을 그릴 수 있을까요? 여기에는 대표적으로 두 가지 기법이 있습니다.

서포트 벡터 머신

처음에 언어와 농어를 분류할 때 어부는 길이와 밝기 같은 단순한 기준을 이용했지만 이는 정확성에 한계가 있습니다. 그래서 등장한 머신러닝 기법이 바로 **서포트 벡터 머신**(SVM, Support Vector Machine)입니다. 이는 단순히 데이터를 분류하는 데 그치지 않고, 두 집단 사이에 있는 데이터를 나누는 경계선을 그릴 때 두 집단 간의 간격(margin)을 최대화합니다.

다음과 같은 언어와 농어 데이터가 있다고 합시다. 여기서는 두 데이터의 분포를 완벽하게 구분하는 경계선(회색 선)을 여러 개 그릴 수 있습니다. 서포트 벡터 머신은 이러한 선 중에서 두 집단 간의 간격이 가장 넓은 선(빨간색 선)을 선택하는 것을 목표로 합니다. 이렇게 하면 새로운 물고기가 잡혔을 때 보다 정확하게(최소한의 오류로) 분류할 수 있습니다.

그림 2-7 **서포트 벡터 머신의 경계선 설정**

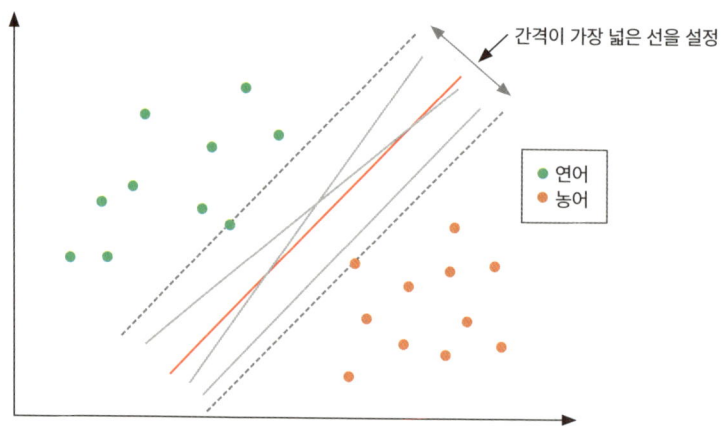

k-최근접 이웃 알고리즘

서포트 벡터 머신과 같은 머신러닝 기법은 데이터를 나누는 경계선을 미리 그려놓고 이를 기준으로 데이터를 분류합니다. 하지만 경계선을 그리지 않고도 데이터를 효과적으로 분류할 수 있는 방법이 있습니다. 바로 **k-최근접 이웃 알고리즘**(k-NN algorithm, k-Nearest Neighbors algorithm)입니다. 이는 별다른 경계선을 그리지 않은 채, 새로운 데이터가 들어왔을 때 주변 데이터를 살펴보고 가장 가까운 이웃이 어떤 종류인지 확인해 다수결로 분류하는 방식입니다.

예를 들어 새로운 물고기를 잡았는데 연어인지 농어인지 명확하지 않다면 이 물고기와 가장 유사한 물고기 몇 마리를 찾습니다. **그림 2-8**처럼 이웃한 5마리 중 3마리가 연어, 2마리가 농어이면 새로운 물고기를 연어로 판단합니다. 이 방식은 매우 직관적이고 간단하지만, 데이터가 많아질수록 처리 속도가 느려지는 것이 단점입니다.

그림 2-8 **k-최근접 이웃 알고리즘을 이용한 물고기 분류**

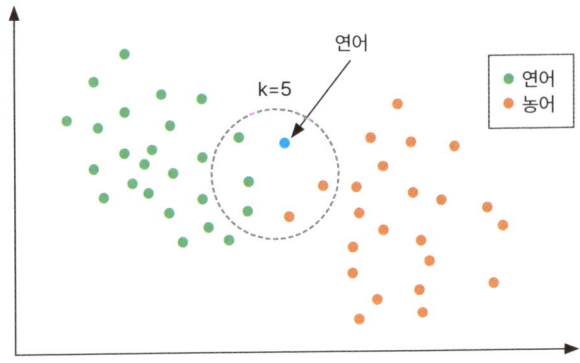

2.1.3 머신러닝의 한계

머신러닝은 데이터를 기반으로 스스로 패턴을 찾아 규칙을 만들어내므로 규칙 기반 시스템보다 복잡한 문제를 효과적으로 해결할 수 있습니다. 하지만 머신러닝 역시 만능은 아닙니다.

머신러닝이 효과적으로 작동하려면 무엇보다 데이터를 분류하는 기준이 명확해야 합니다. 즉 인간이 사전에 적절한 특징을 선택해 제공해야 한다는 것이 가장 큰 한계로 작용합니다. 연어와 농어를 분류할 때 일차로 길이와 밝기 같은 특징을 사용했지만, 실제로는 지느러미의 모양, 몸통의 무늬, 비늘의 질감 등 다양한 요소가 영향을 미칩니다. 인간이 이러한 특징을 찾아내 정의하는 것은 쉬운 일이 아니며 중요한 특징을 놓칠 수도 있습니다.

또한 머신러닝은 데이터의 품질과 양의 영향을 받습니다. 예컨대 연어만 많이 잡히는 시기에 데이터를 수집했다면 농어를 제대로 분류하지 못하는 문제가 발생할 수 있습니다. 즉 학습 데이터가 불충분하거나 편향되면 현실과 동떨어진 규칙을 학습함으로써 AI의 신뢰성이 크게 떨어질 수 있습니다.

이러한 머신러닝의 한계를 극복하기 위해 딥러닝이 등장했습니다. 다음 절에서 딥러닝에 대해 자세히 살펴봅시다.

2.2 인간의 뇌 구조를 본뜬 딥러닝

2.2.1 딥러닝의 등장 배경

딥러닝(deep learning)은 머신러닝과 달리 데이터를 분석해 중요한 특징을 스스로 찾아냅니다. 다시 말해 인간이 "길이와 밝기를 기준으로 물고기를 분류해"라고 직접 지시하지 않아도 AI가 자체적으로 의미 있는 특징을 추출해 학습합니다. 물고기 사진만 입력해도 길이와 밝기뿐만 아니라 지느러미의 모양, 몸통의 무늬, 비늘의 질감과 같은 다양한 특징을 자동으로 파악해 분류할 수 있습니다.

딥러닝은 인간의 뇌에서 아이디어를 얻은 기술입니다. 인간은 사물을 보고 판단할 때 '길이가 얼마면 연어', '색이 밝으면 농어'와 같은 기준을 설정하는 것이 아니라, 눈으로 들어오는 수많은 정보를 처리하면서 주요 특징을 찾고 이를 바탕으로 사물을 구별합니다. 이는 인간의 뇌처럼 스스로 특징을 찾을 수 있다면 머신러닝의 한계가 해결될 것이라는 아이디어로 이어졌으며, 그 결과로 딥러닝이 탄생하게 됐습니다.

딥러닝은 인간의 뇌 구조를 닮은 인공 신경망을 이용해 복잡한 데이터를 분석하고 유의미한 특징을 찾아내도록 설계됐습니다. 인공 신경망은 인간의 뇌를 이루는 신경 세포인 뉴런의 작동 방식을 흉내 낸 것입니다.

2.2.2 초기 딥러닝 모델

AI 연구자들은 오래전부터 인간의 지능을 기계적으로 구현하려는 노력을 해왔습니다. 인간의 뇌가 지닌 놀라운 인지 능력을 컴퓨터에 그대로 재현하는 것이 AI 연구의 궁극적인 목표 중 하나였습니다. 그들은 어떻게 인간의 뇌 구조를 인공적으로 구현했을까요?

최초의 인공 신경망, 퍼셉트론

인간의 뇌는 매우 작은 신경 세포인 **뉴런**(neuron)으로 구성돼 있습니다. 수십억 개에 달하는 뉴런은 기본적으로 입력 신호를 받아들이고 일정 기준을 넘어서면 **시냅스**(synapse)라는 접점을 통해 다른 뉴런으로 신호를 전달합니다.

뉴런은 서로 복잡하게 연결된 네트워크를 형성하며, 뉴런의 집합을 통해 고차원적이고 복잡한 문제를 해결합니다. 각 뉴런의 작동 방식은 단순하지만, 여러 뉴런이 복잡하게 연결돼 함께 작동함으로써 놀라운 인지 능력을 발휘합니다.

그림 2-9 인간의 뇌와 뉴런(출처: 달리로 생성)

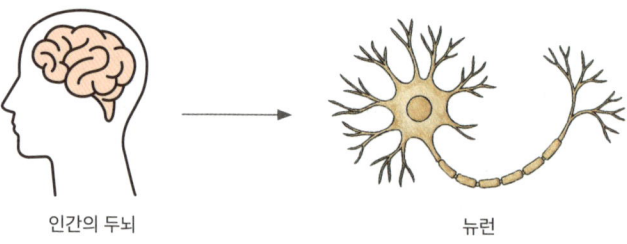

1950년대 후반에 AI 연구자들은 뉴런의 작동 원리에 착안해 인간의 뇌를 모방한 최초의 **인공 신경망 모델**(artificial neural network model)인 **퍼셉트론**(Perceptron)을 개발했습니다. 이는 뉴런이 자극을 받아 작동하는 방식을 수학적·인공적으로 구현한 인공 신경망 구조로, 당시로서는 혁신적인 아이디어였습니다. 이러한 퍼셉트론은 **그림 2-10**과 같은 구조로 이뤄져 있습니다.

그림 2-10 **퍼셉트론의 구조**

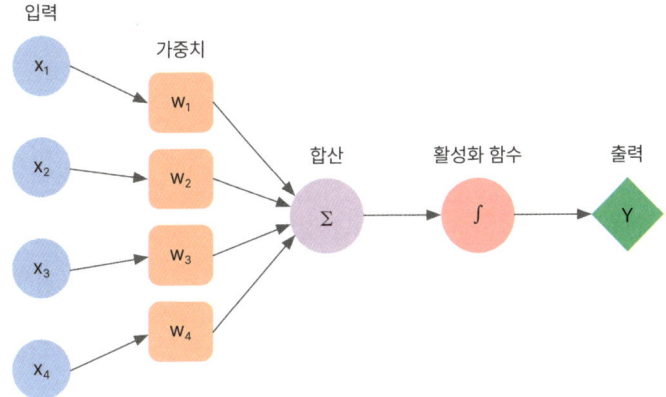

- **입력**(input): 외부로부터 입력된 데이터(신호)를 받아들입니다. 연어와 농어를 분류하는 AI라면 물고기의 길이, 무게, 밝기 등의 데이터를 받아들이고, 사진 속 물체를 분류하는 AI라면 사진의 픽셀 데이터를 받아들입니다.

- **가중치**(weight): 입력된 신호에 가중치를 부여합니다. 가중치는 뉴런과 뉴런 사이에서 신호를 전달하는 시냅스와 유사합니다. 인간의 뇌에서는 시냅스의 강도가 강할수록 뉴런 간 신호 전달이 쉽게 이뤄지고, 퍼셉트론에서도 특정 입력 신호의 가중치가 클수록 그 신호가 결과에 더 큰 영향을 미칩니다.

- **합산**(summation): 뉴런은 전달받은 여러 신호를 합산합니다. 퍼셉트론 역시 입력 데이터와 가중치를 곱한 값을 모두 더해 최종 합산값을 계산합니다.

- **활성화 함수**(activation function): 뉴런은 여러 신호를 합산해 특정 임곗값(threshold)을 초과하면 다음 뉴런으로 신호를 보내고, 그렇지 않으면 신호를 보내지 않습니다. 퍼셉트론에서도 최종 합산값이 활성화 함수에 의해 정해진 임곗값을 넘는지 여부를 판단합니다.

- **출력**(output): 최종 합산값이 활성화 함수에 의해 정해진 임곗값을 넘으면 결과를 출력하고, 그렇지 않으면 결과를 출력하지 않습니다.

예를 들어 퍼셉트론이 빛의 밝기를 감지해 전구를 켜거나 끄는 작업을 하는 경우를 생각해봅시다. 퍼셉트론은 빛의 밝기 수치를 입력값으로 받고, 이 입력에 대한 가중치를 곱해 모두 더한 후, 특정 임곗값보다 크면 전구를 켜거나 끄는 방식으로 작동합니다. 이는 인간의 뇌에서 뉴런이 입력받은 자극이 일정 수준을 넘었을 때만 신호를 전달하는 구조와 동일합니다.

퍼셉트론은 뉴런의 작동 원리를 단순하지만 정확히 모사한 최초의 인공 신경망 모델로, 딥러닝 기술 발전의 출발점이 됐습니다. 연구자들은 이후 퍼셉트론의 기본 아이디어를 발전시키고 확장해 더 복잡한 인공 신경망을 만들기 위한 토대를 마련했습니다.

퍼셉트론의 한계와 다층 퍼셉트론의 등장

퍼셉트론이 발표된 후 얼마 지나지 않아 퍼셉트론의 치명적인 한계가 드러났습니다. 1969년에 마빈 민스키(Marvin Minsky)와 시모어 패퍼트(Seymour Papert)가 퍼셉트론의 한계를 구체적으로 지적하는 논문을 발표하면서 AI 연구는 수년간 암흑기에 빠져들었습니다.

이들이 제기한 문제 중 대표적인 것은 **XOR**(eXclusive OR, 배타적 논리합) 문제입니다. XOR 연산은 2개의 입력값이 서로 다르면 참(True, 1)을 출력하고, 같으면 거짓(False, 0)을 출력하는 간단한 논리 연산입니다. 모든 경우의 수는 다음과 같습니다.

표 2-1 **XOR 진리표**

A	B	결과
0	0	0
0	1	1
1	0	1
1	1	0

퍼셉트론은 데이터의 분포 안에서 경계선을 그리는 머신러닝의 개념상 입력 데이터를 직선 하나로만 나눌 수 있는 단순한 구조입니다. 그래서 단일 퍼셉트론으로는 XOR 문제를 해결하기 위한 경계선을 그릴 수 없었습니다.

그림 2-11 **퍼셉트론의 한계점인 XOR 문제**

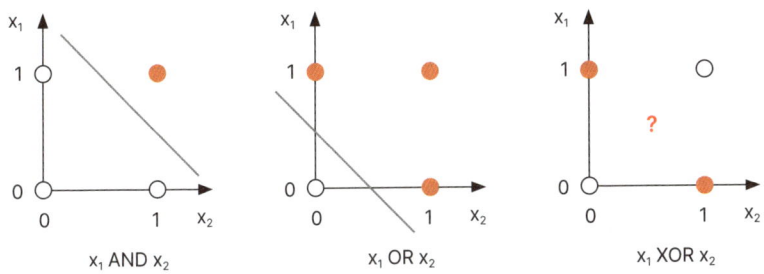

이러한 구조적 한계로 인해 당시 AI 연구자들은 인공 신경망 자체에 회의감을 가지고 퍼셉트론을 포기했습니다. 이후 인공 신경망 연구가 20여 년간 침체기를 겪었는데, 이를 **AI 겨울**(AI winter)이라고 합니다.

그러나 한편에서는 퍼셉트론의 구조적 한계를 극복하기 위한 연구를 멈추지 않은 연구자도 있었습니다. 1986년, 마침내 데이비드 러멜하트(David Rumelhart)와 제프리 힌튼(Geoffrey Hinton)이 퍼셉트론을 여러 층으로 쌓아 올린 **다층 퍼셉트론**(MLP, Multi-Layer Perceptron)으로 XOR 문제를 해결했습니다.

그림 2-12 **XOR 문제 해결**

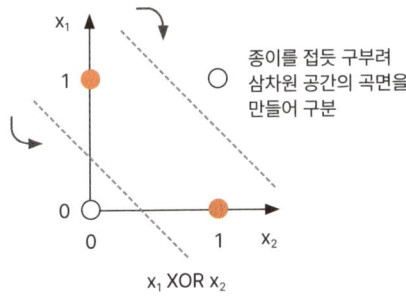

종이를 접듯 구부려 삼차원 공간의 곡면을 만들어 구분

다층 퍼셉트론은 입력층과 출력층 사이에 **숨겨진 층**(hidden layer)이 추가된 것으로, 데이터를 보다 복잡한 방식으로 처리할 수 있습니다. 숨겨진 층이 추가됨으로써 입력 데이터의 단순한 직선 분류를 넘어 더 복잡한 곡선 또는 면으로 데이터를 구분할 수 있게 됐습니다. 이는 인간의 뇌가 하나의 뉴런으로 구성된 것이 아니라 여러 겹이 쌓여 동작하는 것과 같습니다.

그림 2-13 **다층 퍼셉트론의 구조**

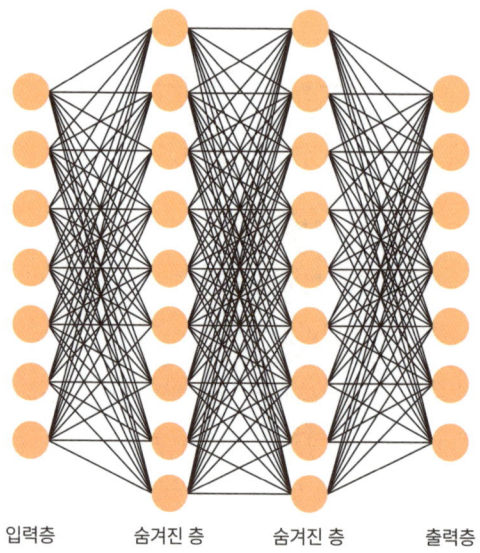

입력층   숨겨진 층   숨겨진 층   출력층

사실 다층 퍼셉트론의 아이디어 자체는 그렇게 복잡한 것이 아닙니다. 다층 퍼셉트론의 초기 아이디어는 퍼셉트론이 소개된 1960년대에 이미 제시됐지만 당시에는 이를 학습시키는 효율적인 방법이 없었습니다. 그러던 중 1986년에 발표된 논문에서 현대적인 형태로 정리된 **오차 역전파**(backpropagation) 알고리즘이 등장해 다층 퍼셉트론의 학습 구현이 가능해져 인공 신경망 연구가 다시 활기를 띠기 시작했습니다. 이후 컴퓨터의 성능이 비약적으로 발전하고 데이터가 폭발적으로 증가함으로써 다층 퍼셉트론을 더욱 깊고 복잡하게 확장한 것이 오늘날의 딥러닝입니다.

2.2.3 딥러닝의 작동 원리

초기 인공 신경망 모델은 인간의 뇌를 모방해 간단한 판단을 내리는 방식으로 작동했습니다. 이는 딥러닝의 출발점으로서 의미가 있지만, 인간이 데이터의 중요한 특징을 미리 정해줘야 한다는 머신러닝의 한계가 여전히 존재했습니다. 연어와 농어를 분류할 때 물고기의 길이, 밝기 등의 특징을 직접 알려줘야 하는 점은 마찬가지였고, AI가 정해진 특징을 학습해 경계선을 좀 더 잘 그려낼 뿐이었습니다.

이러한 한계를 극복하기 위해 등장한 딥러닝은 한마디로 '인간이 일일이 특징을 골라주지 않아도 AI가 스스로 데이터를 보고 중요한 특징을 찾아내 학습하는 기술'이라고 할 수 있습니다. 그렇다면 딥러닝은 어떻게 작동할까요?

딥러닝의 작동 원리를 쉽게 이해할 수 있도록 아이가 강아지와 고양이를 처음 인지할 때에 비유해보겠습니다. 처음에 아이는 네발로 걷고 털이 있는 동물을 모두 강아지라고 부를 수도 있습니다. 그러다 여러 동물을 보고 부모의 설명을 들으면서 점점 더 강아지와 고양이를 구별할 수 있게 됩니다.

물론 이 과정에서 부모가 매번 아이에게 "강아지는 귀가 이렇게 생겼고, 코는 저렇게 생겼고, 꼬리는 이 정도 길이야"라고 말하지는 않습니다. 이렇게 세세한 특징을 알려주지 않아도 아이는 수많은 강아지와 고양이를 보면서 구분되는 특징을 스스로 깨닫게 됩니다. 이러한 과정은 딥러닝이 특징을 학습하는 방식과 매우 닮았습니다.

딥러닝 AI에 데이터를 입력하는 것은 아이에게 강아지와 고양이를 보여줄 때와 비슷합니다. 딥러닝 AI는 처음에 입력된 데이터를 잘 알지 못하기 때문에 무작위로 답을 내놓습니다. 그러면 연구자는 AI의 답이 맞는지 틀린지 알려줍니다. AI는 틀린 답의 경우 어디에 실수가 있는지 찾아 정확한 방향으로 수정합니다. 이 과정을 수없이 반복하면 AI는 데이터를 구분할 수 있는 가장 효과적인 특징을 스스로 발견하게 됩니다.

머신러닝과 딥러닝을 비교할 때는 흔히 얼굴 인식 AI를 예로 듭니다.

그림 2-14 얼굴 인식 AI(출처: 달리로 생성)

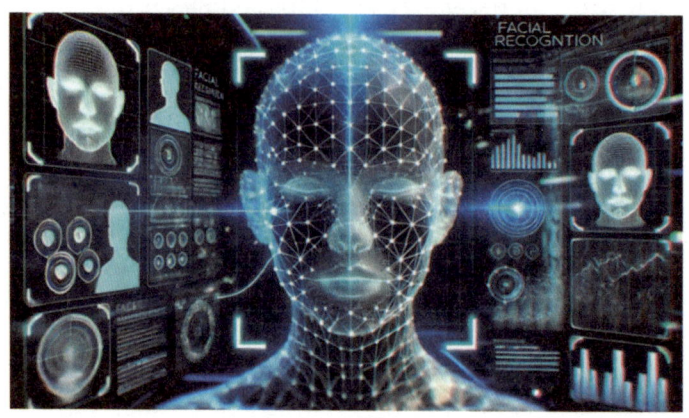

얼굴 인식 AI를 머신러닝으로 구현하려면 얼굴을 구분하기 위해 눈의 간격, 코의 길이와 폭, 입술의 모양, 턱의 형태 같은 특징을 직접 정해줘야 합니다. 하지만 딥러닝 기술을 사용하면 이러한 특징을 정해줄 필요가 없으며, 대신 AI에게 수천, 수만 장의 얼굴 사진을 보여주고 중요한 특징을 스스로 찾게 합니다.

딥러닝 AI는 처음에 눈 주변의 곡선, 얼굴의 외곽선 같은 간단한 특징부터 찾습니다. 그런 다음 더 복잡한 특징, 예컨대 눈과 코가 얼마나 떨어져 있는지, 눈썹의 모양이 어떤지, 심지어 미세한 피부 질감까지 찾아 학습합니다. 이렇게 점점 더 높은 층(layer)의 특징으로 올라가면서 학습하면 사람의 얼굴을 정확히 구별하는 능력을 갖추게 됩니다.

딥러닝의 가능성을 전 세계에 알린 중요한 사건이 2012년에 일어났습니다. 바로 알렉스넷(AlexNet)의 등장입니다. 알렉스넷은 이미지 분류·탐지·인식 성능을 겨루는 ILSVRC에서 압도적인 차이로 2위를 따돌리며 우승을 거머

쥐었습니다.

ILSVRC는 수백만 장의 이미지를 보여주고 1,000가지의 물체를 맞히는 대회입니다. 2012년에 열린 대회에서는 대부분의 참가 팀이 물체의 특징을 정해주는 방식인 머신러닝으로 과제를 풀었으며, 그 정확도가 70% 정도였습니다. 반면에 딥러닝이 적용된 알렉스넷은 85%가 넘는 정확도를 보였는데, 이는 사람이 이미지를 분류·탐지·인식하는 비율에 근접합니다.

이 놀라운 성공 뒤에 숨어 있는 핵심은 '스스로 특징을 학습한다'는 것입니다. 머신러닝의 경우 연구자들이 이미지의 중요한 특징을 정해줘야 하지만, 알렉스넷은 아무런 사전 정보 없이 이미지만 보고 필요한 특징을 자동으로 학습하며, 그 결과 모양과 구조가 제각각인 스위치와 전기 스위치를 정확히 분류했습니다. 스스로 특징을 학습해 사람과 유사한 수준으로 이미지를 구분할 수 있는 알렉스넷이 등장한 이후 AI 연구는 딥러닝 중심으로 발전하고 있습니다.

결국 딥러닝의 가장 큰 혁신은 AI가 더 이상 인간에게 의존하지 않고 스스로 데이터를 보고 배우고 판단할 수 있게 됐다는 것입니다. 이러한 딥러닝 기술 덕분에 사진 속 물체를 정확히 인식하는 AI, 음성을 텍스트로 변환하는 AI, 더 자연스럽게 대화할 수 있는 챗봇이 등장하게 됐습니다. 오늘날 딥러닝은 일상과 업무 환경을 완전히 변화시키고 있습니다.

2.2.4 딥러닝의 대표적 모델

그렇다면 딥러닝은 일상의 어떤 문제를 해결해줄까요? 딥러닝의 대표적 모델은 합성곱 신경망과 순환 신경망으로, 둘 다 특정한 형태의 데이터를 처리하는 데 강력한 성능을 발휘하도록 설계됐습니다.

합성곱 신경망

합성곱 신경망(CNN, Convolutional Neural Network)은 이미지, 영상 등의 시각 데이터를 처리하는 데 매우 효과적입니다. 인간의 눈과 뇌는 시각 정보를 여러 단계로 처리합니다. 처음에는 윤곽선, 색상, 모서리 등의 기본적인 요소를 인식하고, 이를 바탕으로 더 복잡한 사물이나 얼굴 전체를 인식하는데, 합성곱 신경망도 이러한 방식으로 데이터를 분석합니다.

합성곱 신경망은 딥러닝의 일종이기 때문에 여러 층으로 구성돼 있습니다. 그중 가장 낮은 층에서는 입력된 이미지에서 작은 선, 모서리 등의 매우 단순한 패턴을 추출하고, 다음 단계에서는 이러한 작은 특징을 결합해 눈, 코, 입 등의 좀 더 복잡한 패턴을 인식합니다. 그리고 마지막 층에서는 이 모든 정보를 종합해 사물을 개, 고양이, 사람 등으로 구별합니다.

그림 2-15 **합성곱 신경망의 구조**

사람보다 더 정확하게 사물을 인식할 수 있는 이 기술은 스마트폰의 얼굴 인식, 보행자를 식별하는 자율 주행 자동차 등 다양한 분야에 활용되고 있습니다.

순환 신경망

순환 신경망(RNN, Recurrent Neural Network)은 시간 순서가 중요한 데이터, 즉 문장, 음성, 영상 등을 처리하는 데 탁월합니다. 사람은 문장의 단어 하나하나를 독립적으로 이해한다기보다 앞서 들었던 단어나 문장의 맥락을 기억하면서 다음 단어를 예상하거나 문장의 의미를 이해합니다. 예를 들어 "배가 아프다"라는 문장에서 '배'는 사람의 신체 부위를 의미하지만, "배를 타고 여행을 떠났다"라는 문장에서 '배'는 교통수단을 의미합니다. 사람은 이러한 문장에서 앞뒤 문맥을 통해 단어의 의미를 이해합니다.

순환 신경망은 바로 이 과정을 컴퓨터로 구현한 것입니다. 데이터를 처리할 때 이전 단계의 정보를 기억하고 이를 활용해 다음 단계의 데이터를 분석하기 때문에 문장 속에서 단어의 의미가 어떻게 바뀌는지, 어떤 문맥에서 어떤 단어가 적합한지 효과적으로 학습할 수 있습니다. 순환 신경망의 이러한 특성으로 인해 챗봇, 음성 비서 등이 개발됐습니다.

그러나 순환 신경망도 단점이 있습니다. 이에 대해서는 **2.3.1 초기 딥러닝 모델의 한계**에서 자세히 설명하겠습니다.

2.2.5 딥러닝의 과제

지금까지 딥러닝이 얼마나 강력한 기술인지, 그리고 대표적 모델인 합성곱 신경망과 순환 신경망이 어떻게 뛰어난 성능을 발휘할 수 있는지 살펴봤습니다. 그렇다면 이러한 딥러닝이 해결해야 할 과제는 무엇일까요?

설명 가능성 문제

딥러닝 모델은 대량의 데이터를 학습하고 그 과정에서 복잡한 연산을 통해 결과를 도출합니다. 하지만 이 과정이 너무 복잡하기 때문에 인간이 그 결과를 이해하기는 어렵습니다.

어떤 AI가 환자의 엑스레이 사진을 보고 암을 진단했다고 합시다. 의사가 이 진단을 신뢰하려면 AI가 왜 그런 결정을 내렸는지 구체적으로 설명할 수 있어야 합니다. 하지만 현재 대부분의 딥러닝 모델은 그 이유를 명확히 설명하지 못하는데, 이를 **설명 가능성**(explainability) 또는 **블랙박스**(black box) 문제라고 합니다.

그림 2-16 설명 가능성 문제(출처: 달리로 생성)

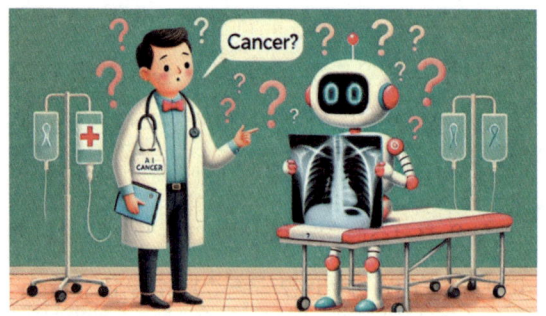

연구자들은 딥러닝 모델이 내린 결론을 좀 더 이해하기 쉽게 설명하는 기술, 즉 **설명 가능한 AI**를 개발하기 위해 많은 노력을 기울이고 있습니다. AI가 내린 판단이 투명하고 이해 가능해야만 의료, 금융 등 신뢰성이 중요한 분야에서 안심하고 사용할 수 있을 것입니다.

높은 연산 비용과 컴퓨팅 자원 문제

딥러닝의 또 다른 해결 과제는 **높은 연산 비용**입니다. 딥러닝 모델은 빅 데이터를 반복적으로 학습하면서 엄청난 양의 계산을 수행합니다. 합성곱 신경망, 순환 신경망 같은 복잡한 모델을 학습시키려면 고성능의 **GPU**(Graphics Processing Unit, 그래픽 처리 장치) 등 값비싼 컴퓨팅 자원이 필요합니다. 그래서 AI의 발전에 따라 GPU의 수요가 폭발적으로 증가했고, 그래픽 카드를 생산하는 회사의 주가가 AI 회사의 주가보다 빠르게 오르는 일이 발생하기도 합니다.

이러한 문제를 해결하기 위해 최근에는 AI 모델을 더 효율적으로 설계하거나 적은 계산량으로도 우수한 성능을 내는 새로운 모델을 개발하는 연구가 활발히 진행되고 있습니다. 다음 절에서 소개할 트랜스포머는 순환 신경망의 단점을 극복하면서도 더 빠르고 효율적으로 언어 데이터를 처리할 수 있도록 설계돼 연산 비용 문제가 일부 해결됐습니다.

2.3 인간처럼 언어를 이해하는 트랜스포머

딥러닝 기술이 어떤 원리로 발전해왔는지 살펴보면서 인간의 뇌 구조에서 영감을 받은 퍼셉트론과 다층 퍼셉트론 그리고 합성곱 신경망과 순환 신경망 등을 다뤘습니다. 이러한 기술은 데이터를 보고 스스로 학습함으로써 복잡한 문제를 해결하는 데 기여했습니다. 하지만 인간의 언어를 정확히 이해하고 자연스러운 문장을 생성하는 자연어 처리에는 한계가 있었습니다. 이 절에서는 초기 딥러닝 모델의 한계와 이를 개선한 트랜스포머에 대해 알아봅시다.

2.3.1 초기 딥러닝 모델의 한계

딥러닝 기술을 개발한 초기에는 자연어를 처리하기 위해 순환 신경망과 이를 좀 더 발전시킨 **장단기 기억 모델**(LSTM, Long Short-Term Memory)을 사용했습니다. 두 모델은 문장의 처음부터 끝까지 단어를 순서대로 기억하고 처리하기 때문에 순서가 중요한 데이터를 다룰 때 유용합니다. 다음 문장을 예로 살펴봅시다.

> 나는 오늘 학교에 갔다.

순환 신경망과 장단기 기억 모델에서는 이 문장을 '나는' → '오늘' → '학교에' → '갔다'라는 순서로 단어 하나씩 차례대로 처리합니다. 첫 번째 단어를 읽고 그 정보를 기억한 다음, 두 번째 단어를 읽을 때 앞의 단어와 함께 문맥을 파악합니다. 이 방식은 문장 내 단어의 앞뒤 관계를 잘 파악하기 때문에 문장 이해 능력이 꽤 좋다고 평가받았습니다. 하지만 두 가지 문제가 있습니다.

순차적 데이터 처리 문제

첫 번째는 데이터를 반드시 순차적으로 처리해야 한다는 문제입니다. 수십 권의 책을 신속하게 봐야 하는데, 한 번에 한 권씩만 볼 수 있고 한 책이 끝나야만 다음 책을 볼 수 있다면 어떨까요? 시간이 많이 걸려서 매우 비효율적일 것입니다.

초기 딥러닝 모델도 이와 비슷했습니다. 순환 신경망과 장단기 기억 모델은 단어를 순서대로 처리했기 때문에 문장이 길고 데이터의 양이 많을수록 연산 속도가 느려졌습니다. 데이터가 수백만 개일 때 이 방식을 사용한다면 학습하는 데 시간이 너무 오래 걸릴 것입니다. 즉 초기 딥러닝 모델은 방대한 데이터를 빠르게 학습할 수 없었습니다.

장기 의존성 문제

두 번째는 장기 의존성(long-term dependency) 문제입니다. 예를 들어 다음 글을 봅시다.

> 나는 이번 주에 휴가를 내고 모스크바로 여행을 갔다. 도시는 아름다웠고 음식도 맛있었다. 즐거운 시간을 보내고 있는데 갑자기 회사 상사가 전화를 걸어 급한 일이 있다면서 지금 어디냐고 물었다. 나는 짧게 대답했다. "저는 지금 _____에 있습니다."

보통 사람은 이 지문을 읽고 빈칸에 '모스크바'라는 말이 들어가야 한다는 것을 바로 알아챌 것입니다. 첫 문장에 포함된 '모스크바'라는 말을 머릿속에 새겨두고 글의 처음부터 끝까지 문맥을 이해하며 읽기 때문입니다.

하지만 순환 신경망의 경우 문장이 길어질수록 앞에 나온 단어에 대한 정보를 잊어버리는 경우가 많습니다. 세 시간 동안 강의를 들었는데 도입부에서 들었던 내용을 잊어버리는 것과 같습니다. 강의의 첫 부분을 잊어버리면 뒤의 내용을 정확히 이해할 수 없듯이 순환 신경망에서는 길고 복잡한 문장일수록 앞부분의 중요한 정보가 점점 희미해져 뒷부분의 단어를 이해하는 능력이 떨어졌습니다.

2.3.2 트랜스포머의 등장 배경

순차적 데이터 처리 문제와 장기 의존성 문제를 해결하기 위해 AI 연구자들은 완전히 새로운 접근법을 고민했습니다. 그러던 중 2017년에 구글의 연구 팀이 발표한 논문에 주목하게 됐습니다. 그 논문은 바로 〈Attention is All You Need(어텐션이면 충분하다)〉입니다.

논문의 제목이 꽤나 도발적이지만, 당시에 어텐션은 순환 신경망과 장단기 기억 모델에 추가 기능으로 사용되던 기술로, 특별히 새로운 것이 아니었습니다. 그런데 이 논문은 기존 딥러닝 모델의 구조를 아예 버리고 어텐션 메커니즘 하나만으로 뛰어난 성능을 낼 수 있다는 파격적인 주장을 펼쳤습니다.

이 논문이 발표되기 전에는 문장을 분석할 때 반드시 단어 하나씩 순차적으로 처리해야 한다고 봤습니다. 인간의 언어가 시간 순서를 따르기 때문에 딥러닝 모델도 같은 방식으로 단어를 차례대로 분석해야 한다고 생각했던 것입니다. 하지만 구글 연구 팀은 이 고정관념을 완전히 깨고, 문장 전체를 동시에 바라보고 분석하는 트랜스포머 모델을 제안했습니다.

2.3.3 트랜스포머의 작동 원리

트랜스포머 모델은 인코더와 디코더로 구성되며, 각 부분이 서로 긴밀하게 협력해 문장을 이해하고 생성합니다.

인코더

인코더(encoder)의 역할은 간단히 말해 입력된 문장이나 글의 의미를 잘 이해하는 것입니다. 한국어로 작성된 편지를 읽고 영어로 번역한다면 각 단어의 의미는 물론 문맥 전체를 종합해 편지 내용을 파악하는 것부터 해야 합니다. 트랜스포머의 인코더는 이와 비슷하게 문장 전체를 한 번에 받아들이고 동시에 처리합니다. 문장의 모든 단어를 수학적으로 나타낸 다음 각 단어가 다른 단어와 어떤 관계를 맺고 있는지 분석하는데, 이때 문장 내에서 중요한 단어에 더 집중합니다. 예를 들어 다음 문장에서 인코더는 핵심 단어인 '친구', '극장', '지루했다'에 집중해 문장의 주제를 재빨리 파악합니다.

> 나는 친구와 극장에 가서 영화를 봤는데 너무 지루했다.

이 과정에서 인코더는 자연스럽게 '영화가 재미없었다'는 핵심적 의미를 파악해 기억합니다. 반대로 문장에서 덜 중요한 단어(예: '가서', '너무' 등)에는 주의를 많이 기울이지 않습니다. 이렇게 중요한 단어에 더 집중하는 것이 어텐션 메커니즘입니다. 디코더를 설명한 후 어텐션 메커니즘에 대해 자세히 알아보겠습니다.

디코더

디코더(decoder)는 인코더가 이해한 내용을 바탕으로 새로운 문장을 생성하는 역할을 합니다. 한국어로 작성된 편지를 영어로 번역할 때 한국어 편지의 내용을 충분히 이해하는 것이 인코더의 역할이라면, 그 내용을 자연스러운 영어 문장으로 옮겨 쓰는 것이 디코더의 역할이라고 할 수 있습니다.

그림 2-17 트랜스포머의 인코더와 디코더

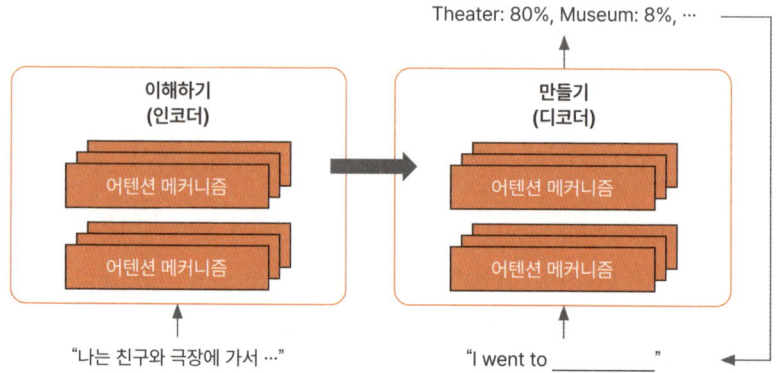

디코더는 인코더가 문장 전체를 이해한 후 만들어낸 정보를 바탕으로 자연스러운 문장을 생성합니다. 이때 디코더는 자신이 만들어내는 문장에 대해서도 의미에 집중하면서 단어를 선택하고 연결해나갑니다. 디코더가 문장을 생성할 때는 앞서 만든 단어를 바탕으로 그다음 단어를 결정합니다. 예를 들어 "나는 친구와 극장에 가서 영화를 봤는데 너무 지루했다"를 영어로 번역한다면, 디코더는 인코더로부터 '나는 친구와 영화를 봤고, 영화가 지루했다'라는 의미를 전달받은 후 이를 바탕으로 '나'라는 의미를 가진 단어인 'I'부터 한 단어씩 차례대로 만들어나갑니다.

흥미로운 점은, 디코더가 단순히 한 가지 방식으로만 문장을 만드는 것이 아니라, 인코더로부터 받은 정보를 바탕으로 여러 가능성을 고려하며 자연스러운 표현을 선택한다는 것입니다. 이 과정에서 디코더 역시 어텐션 메커니즘을 활용해 입력 문장의 중요한 단어를 계속 참고하면서 문장을 완성합니다.

요컨대 트랜스포머는 입력된 문장을 인코더를 통해 철저히 이해하고, 이렇게 이해한 내용을 바탕으로 디코더를 통해 새 문장을 자연스럽게 만듭니다. 인코더와 디코더의 각 역할이 명확히 구분돼 빠르고 정확한 처리가 가능합니다.

초기 딥러닝 모델은 문장 정보를 순차적으로 기억하면서 처리했기 때문에 앞의 정보를 잘 잃어버리는 문제가 있었습니다. 하지만 트랜스포머의 인코더-디코더 구조는 이러한 문제를 효과적으로 해결했으며, 더 나아가 병렬로 문장 전체를 처리함으로써 데이터 처리 속도도 빨라졌습니다.

2.3.4 어텐션 메커니즘

트랜스포머의 핵심 기술인 **어텐션 메커니즘**(attention mechanism)을 구체적으로 살펴봅시다. '어텐션(attention, 주의)'이라는 단어에서 유추할 수 있듯이 이는 어떤 정보가 중요한지 선택적으로 집중하는 방식을 말합니다. 우리는 대화를 나눌 때 중요한 단어나 표현에 자연스럽게 주의를 기울이며 의미를 이해합니다. 마찬가지로 어텐션 메커니즘도 문장 속의 중요한 단어에 집중해 의미를 이해하는 방법을 사용합니다.

어텐션 메커니즘은 문장에 포함된 단어들이 서로 얼마나 관련돼 있는지를 수학적으로 계산하며, 이 과정에서 쿼리, 키, 밸류라는 중요한 개념이 등장합니다. 이 세 용어를 이해하기 위해 도서관에서 책을 찾는 상황을 생각해봅시다.

만약 '아프리카 동물에 관한 책'을 찾고 싶다면 '아프리카 동물'이라는 주제 또는 키워드를 떠올릴 것입니다. 이 키워드가 바로 **쿼리**(query)입니다.

키워드를 정했으니 서가에 꽂혀 있는 책들을 둘러봅니다. 그러나 모든 책의 내용을 일일이 다 읽는 것이 아니라 책의 제목이나 표지를 빠르게 훑어보며 키워드와 가장 가까운 책을 찾습니다. 이때 책의 제목이나 표지가 **키**(key)에 해당합니다.

책의 제목이나 표지를 보고 키워드에 가장 부합되는 책을 찾았다면 이제 책을 꺼내 내용을 봅니다. **밸류**(value)는 이렇게 확인한 책의 실제 내용입니다.

- **쿼리**: 찾고자 하는 주제나 키워드(예: 아프리카 동물)
- **키**: 서가에 꽂혀 있는 책의 제목이나 표지(예: 아프리카 동물 백과사전)
- **밸류**: 책에 담긴 실제 내용(예: 코끼리, 기린, 사자 등에 대한 자세한 정보)

트랜스포머는 어떤 문장을 이해할 때 문장 속에서 관심을 가져야 할 특정 빈칸(쿼리)을 중심으로 문장 내 다른 단어(키)를 빠르게 살펴봅니다. 그리고 그중에서 빈칸과 가장 밀접하게 연관된 단어를 찾아 집중하고, 연관된 단어의 실제 의미(밸류)를 바탕으로 문장의 의미를 결정합니다.

그림 2-18 어텐션 매커니즘의 구조

예를 들어 다음 문장을 봅시다.

> 코끼리는 자동차에 타려고 했지만 그것은 너무 작았다.

이 문장에서 '그것'이라는 단어가 가리키는 것이 코끼리인지 자동차인지 결정하기 위해 트랜스포머는 '그것'이라는 빈칸(쿼리)을 중심으로 문장 속의 다른 단어(키)를 하나씩 살펴봅니다. 그리고 그중에서 '그것'과 가장 관련이 깊은 단어가 '자동차'임을 찾아내 '자동차는 너무 작았다'라는 의미(밸류)를 결정합니다.

이처럼 어텐션 메커니즘은 문장에서 중요한 단어만 집중적으로 골라 의미를 파악합니다. 따라서 문장 전체의 의미를 빠르고 정확하게 이해해 시간을 낭비하지 않고 핵심적인 정보만 효율적으로 처리할 수 있습니다.

2.3.5 트랜스포머 모델의 발전

멀티헤드 어텐션

그런데 문장을 이해할 때 한 가지 관점으로만 정보를 바라보는 것이 효과적일까요? 사람은 문장을 이해할 때 여러 가지 관점으로 정보를 받아들입니다. 예를 들어 "코끼리는 자동차에 타려고 했지만 그것은 너무 작았다"라는 문장의 경우 코끼리의 크기만이 아니라 코끼리의 행동이나 자동차와의 관계, 장소의 상황 등 다양한 맥락을 동시에 고려해 파악합니다.

이처럼 트랜스포머도 다양한 관점을 동시에 고려하면서 문장을 이해합니다. 즉 하나의 관점으로만 문장을 분석하지 않고 여러 관점에서 단어 간의 관계를 파악하는데, 이를 **멀티헤드 어텐션**(MHA, Multi-Head Attention)이라고 합니다.

쉽게 말해 멀티헤드 어텐션은 하나의 모델 안에 여러 개의 어텐션을 동시에 사용하는 것을 말합니다. 예를 들어 어떤 관점(head)에서는 단어가 가진 '물리적 특성'을 중점적으로 보고, 어떤 관점에서는 '행동이나 동작'을 중점적으로 보며, 또 어떤 관점에서는 '시간의 흐름이나 위치'를 중점적으로 봅니다. 이렇게 여러 관점의 정보를 동시에 종합하는 멀티헤드 어텐션 덕분에 트랜스포머는 사람과 유사하게 문장 전체의 맥락과 의미를 정확하게 파악함으로써 자연스럽고 깊이 있는 언어 이해 능력을 갖추게 됐습니다.

위치 정보 인코딩

멀티헤드 어텐션 방식으로 모든 단어를 동시에 처리하는 트랜스포머는 한 가지 문제점이 있었습니다. 문장에서 단어가 위치한 순서 정보를 잃어버린다는 것입니다. 예를 들어 다음 두 문장은 같은 단어로 이뤄져 있지만 단어의 순서로 인해 의미가 완전히 다릅니다.

> 곰이 사람을 사냥한다.
> 사람이 곰을 사냥한다.

순환 신경망은 단어를 하나씩 차례대로 처리하기 때문에 단어의 순서 정보를 자연스럽게 기억할 수 있습니다. 반면에 트랜스포머는 모든 단어를 한 번에 병렬로 처리하기 때문에 각 단어가 문장의 몇 번째에 위치하는지 기억하기가 어렵습니다.

이 문제를 해결하기 위해 트랜스포머는 특별한 방법을 도입했습니다. 이는 **위치 정보 인코딩**(positional encoding)으로, 단어가 지닌 기본적인 의미뿐만 아니라 그 단어가 문장에서 정확히 몇 번째에 위치하는지에 대한 추가 정보를 함께 전달합니다.

예를 들어 학생들이 교실에 있다가 운동장으로 나갔다고 합시다. 운동장에 학생들이 뒤섞여 있더라도 선생님은 학생들의 명찰을 보고 순서대로 줄을 세울 수 있습니다.

위치 정보 인코딩도 이와 마찬가지입니다. 각 단어의 의미를 나타내는 벡터(vector)에 위치를 나타내는 작은 숫자(명찰)를 더함으로써 각 단어가 몇 번째 자리에 있었는지 트랜스포머가 바로 인식할 수 있습니다. 위치 정보를 나타내는 값은 아주 작게 설정돼 있기 때문에 단어의 본래 의미를 훼손하지 않으면서 문장 내 위치 정보를 명확하게 알려줍니다. 그 결과 트랜스포머는 빠른 병렬 처리의 장점을 유지하면서도 단어의 순서를 잃지 않고 문장의 의미를 더 자연스럽고 정확하게 이해할 수 있습니다.

2.3.6 트랜스포머가 가져온 변화

우리는 긴 문서를 단시간에 읽고 이해해야 할 때 처음부터 끝까지 모든 단어를 읽는 대신 전체 내용을 빠르게 훑으며 중요한 부분을 선택적으로 파악합니다. 마찬가지로 트랜스포머는 모든 단어를 병렬로 보면서 의미를 이해하는 데 꼭 필요한 핵심 단어에 선택적으로 집중하며 처리합니다.

이러한 방식은 이전 딥러닝 모델의 세 가지 한계를 극복했습니다.

첫째, 순차적 데이터 처리로 인한 속도 저하 문제를 해결했습니다. 순환 신경망은 문장의 앞부분이 끝나야만 뒷부분을 처리할 수 있지만, 트랜스포머는 모든 단어를 한 번에 동시에 처리하기 때문에 빠르게 결과를 출력할 수 있습니다. 덕분에 방대한 양의 데이터를 매우 빠르게 학습할 수 있어 대규모 데이터의 학습 기반이 마련됐습니다.

둘째, 긴 문장을 처리할 때 나타나던 장기 의존성 문제가 크게 완화됐습니다. 순차적 처리 방식에서는 문장이 길어지면 초반에 등장한 단어의 중요성이 점점 희미해져 정보를 잃게 되지만, 트랜스포머는 모든 단어 간의 관계를 동시에 살펴보기 때문에 중요한 단어의 의미를 문장 끝부분까지 정확히 기억할 수 있습니다.

셋째, 트랜스포머는 훨씬 더 간결하고 효율적인 구조로 이뤄져 있습니다. 이전 딥러닝 모델은 문장을 처리하기 위해 매우 복잡한 네트워크 구조를 만들어야 했습니다. 반면에 트랜스포머는 어텐션 메커니즘, 인코더-디코더의 명확한 분리 등을 통해 복잡한 처리 과정을 단순화하면서도 뛰어난 성능을 보입니다. 이는 트랜스포머가 이후 더 크고 강력한 모델을 만들 수 있도록 도와주는 밑바탕이 됐습니다.

트랜스포머의 이러한 혁신적 접근 방식은 이후 AI 연구에 큰 영향을 미쳤습니다. 번역, 글쓰기 등의 다양한 자연어 처리 작업에서 이전 모델과 비교할 수 없을 정도로 뛰어난 성능을 발휘했습니다. 실제로 시중의 번역 서비스는 트랜스포머가 등장한 이후 품질이 획기적으로 개선됐으며, 이제는 사람이 번역한 것과 비슷할 정도로 자연스러운 번역을 제공합니다.

챗GPT와 같은 생성형 AI 모델도 트랜스포머 덕분에 긴 문맥을 더욱 정확히 이해하고 사람처럼 자연스러운 대화를 이어갈 수 있게 됐습니다. 어텐션 메커니즘과 멀티헤드 어텐션이 문장 전체의 의미를 깊고 풍부하게 이해하도록 도와주기 때문입니다.

트랜스포머는 언어 처리에만 국한되지 않고 이미지 분석, 영상 처리, 음성 인식 등 다양한 분야로 빠르게 확장되고 있습니다. 최근에는 텍스트와 이미지를 동시에 이해할 수 있는 멀티모달 모델이 등장하는 등 트랜스포머 기술은 다양한 영역에서 그 중요성이 더욱 커지고 있습니다.

2.4 다음 단어를 예측해 문장을 만드는 대형 언어 모델

트랜스포머는 문장 안에서 중요한 단어와 문맥에 집중할 수 있는 기술적 기반을 제공했습니다. 하지만 그 자체로 문장의 의미를 파악하고 표현하는 데 초점이 맞춰져 있을 뿐, 자연스러운 문장을 스스로 생성하는 기능까지 갖춘 것은 아니었습니다.

자연스러운 문장을 생성하는 **대형 언어 모델**(LLM, Large Language Model)은 트랜스포머 기술을 기반으로 하되, 방대한 양의 데이터를 학습해 다음에 나올 단어를 예측하는 방식입니다. 트랜스포머가 문장을 잘 이해할 수 있는 능력을 제공한다면, 대형 언어 모델은 한 걸음 더 나아가 자연스러운 문장을 만들어내는 능력을 제공합니다.

대형 언어 모델이 어떻게 자연스러운 문장을 만들어낼 수 있는지 이해하기 위해 먼저 언어 모델에 대해 살펴봅시다.

2.4.1 언어 모델의 개요

언어 모델(language model)은 다음에 나올 단어를 예측하는 AI 모델의 한 종류입니다. '다음에 나올 단어 예측'이라고 하니 거창해 보이지만, 우리는 일상생활에서 무의식적으로 그렇게 하고 있습니다. 예를 들어 친구가 다음과 같이 말끝을 흐렸다고 합시다.

> 어제 본 영화 진짜 너무 ….

듣는 사람은 속으로 '재미있었어' 또는 '지루했어'와 같은 말을 떠올립니다. 문맥을 바탕으로 가장 적절한 단어를 무의식적으로 선택한 것입니다. 또 다른 예를 봅시다.

> 아침에 일어나서 가장 먼저 하는 일은 _____

빈칸에 들어갈 말로 일상생활에서 흔한 '세수하기', '물 마시기', '핸드폰 보기'와 같은 표현이 떠오를 것입니다.

언어 모델은 이와 비슷한 방식으로 작동합니다. 과거에 등장했던 단어를 참고해 다음에 나올 가능성이 가장 높은 단어를 선택해 문장을 완성합니다. 다시 말해 수많은 데이터(책, 뉴스 기사, 웹 사이트 등)를 이용해 다양한 문장과 표현 방식을 학습하고, 특정 문장 구조에서 어떤 단어가 자주 등장하는지 기억함으로써 다음에 나올 단어를 예측해 문장을 만들 수 있습니다.

언어 모델은 각 단어에 대해 다음에 나올 확률을 계산하고, 그중 확률이 가장 높은 단어를 선택해 문장을 점진적으로 완성합니다. 예를 들어 다음 문장을 봅시다.

> 나는 분식점에 가서 점심으로 _____

언어 모델은 트랜스포머의 도움을 받아 '김밥', '짜장면', '피자' 등 빈칸에 들어갈 가능성이 있는 단어의 확률을 계산합니다.

- '김밥'이 나올 확률 40%
- '짜장면'이 나올 확률 30%

- '피자'가 나올 확률 20%
- 그 외 단어가 나올 확률의 합 10%

이러한 방식으로 각 단어의 확률을 계산한 뒤 확률이 가장 높은 '김밥'을 선택해 "나는 분식점에 가서 점심으로 김밥을 먹었다"라는 문장을 만들어냅니다. 이처럼 매번 확률이 가장 높은 단어를 선택하는 방식을 **그리디 서치**(greedy search)라고 합니다.

하지만 이 경우 다음에 나올 가능성이 가장 높은 단어만 선택하기 때문에 생성되는 결과가 지나치게 단순하거나 뻔하다는 단점이 있습니다. 그러므로 현실에서는 다양한 방식을 함께 활용해 창의성과 안정성을 동시에 확보합니다. 사람이 말할 때 같은 표현을 반복하지 않고 상황에 따라 다양하게 표현하는 것처럼 AI도 자연스럽고 창의적인 문장을 만들기 위해 다양한 단어 선택 방식을 사용합니다.

2.4.2 언어 모델의 단어 선택 방식

AI가 그리디 서치를 넘어 더 자연스럽고 다양한 문장을 생성하기 위해 사용하는 방식으로는 빔 서치, 온도 샘플링, Top-k 샘플링, Top-p 샘플링 등이 있습니다.

빔 서치

그리디 서치가 매 순간 확률이 가장 높은 단어만 선택한다면, **빔 서치**(beam search)는 여러 개의 가능한 후보를 동시에 고려해 최종적으로 가장 좋은 문장을 찾아내는 방식입니다. 이를 쉽게 이해하기 위해 여러 갈림길에서 목적지를 찾아가는 상황을 생각해봅시다. 그리디 서치는 갈림길이 나올 때마다 항상 가장 좋아 보이는 길 하나만 선택합니다. 하지만 이 방식에서는 때때로 막다른 길을 만날 수도 있고, 더 좋은 길을 놓칠 가능성도 있습니다.

반면에 빔 서치는 《서유기》의 손오공이 분신술을 부려 여기저기에 분신을 보내듯이 동시에 여러 갈림길을 선택해 진행합니다. 예를 들어 빔 너비(beam width)를 3으로 설정했다면 매 순간 가장 가능성이 높은 상위 3개의 단어 후보를 유지하면서 각 문장을 독립적으로 확장해나갑니다. 이 과정에서 다양한 문장 경로를 계속 비교·평가하고 최종적으로 가장 좋은 문장을 선택합니다.

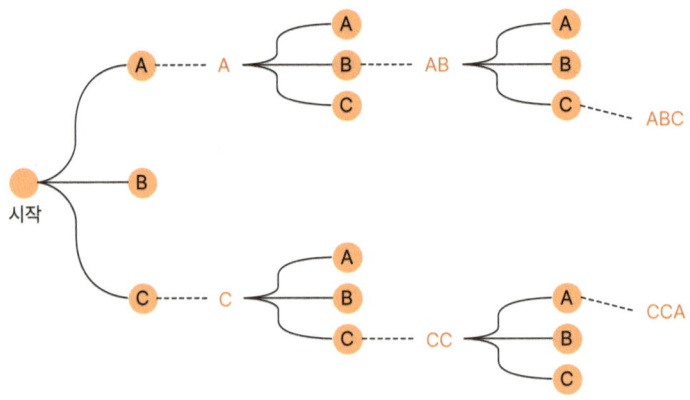

그림 2-19 여러 갈래의 결과를 동시에 고려하는 빔 서치

빔 서치의 장점은 그리디 서치보다 더 창의적이고 자연스러운 문장을 얻을 수 있다는 것입니다. 하지만 단점도 존재합니다. 빔 너비가 너무 크면 계산 비용이 증가해 처리 속도가 느려질 수 있고, 덜 중요한 경로에 쓸데없이 많은 연산 자원을 소비하기도 합니다. 따라서 빔 서치를 사용할 때는 적절한 빔 너비를 선택하는 것이 중요합니다.

온도 샘플링

온도 샘플링(temperature sampling)은 요리를 할 때 온도를 조절해 맛을 다르게 내는 것처럼 창의성과 안정성 사이의 균형을 임의로 조절하는 방식입니다.

여기서 온도는 AI 모델이 다음 단어를 선택할 때 예측 가능성과 다양성의 균형을 조정하는 역할을 합니다.

만약 사용자가 온도를 낮게 설정하면(예: 0.1~0.3) AI 모델이 다음에 올 확률이 가장 높은 단어를 선택합니다. 이는 보다 안정적인 답변을 생성하지만, 단조롭고 예측 가능한 문장을 얻게 됩니다. 반대로 온도를 높게 설정하면(예: 1.0 이상) AI 모델이 더욱 다양한 단어를 고려하고 선택하기 때문에 창의적이고 새로운 표현이 많이 나옵니다. 하지만 엉뚱하고 부자연스러운 문장이 생성될 수도 있습니다. 그러므로 온도 샘플링에서는 창의적이면서도 자연스러운 문장을 얻기 위해 사용자가 최적의 온도 값을 찾는 것이 중요합니다.

Top-k 샘플링

Top-k 샘플링(Top-k sampling)은 다음 단어를 선택할 때 AI 모델이 예측한 확률이 높은 순서대로 k개의 단어 후보를 추려낸 후 그중에서 무작위로 한 단어를 선택합니다. 이 방식은 간단하면서도 효과적이라 지금도 다양한 AI 모델에서 사용되고 있습니다. 다음 문장을 다시 봅시다.

> 나는 분식점에 가서 점심으로 _____

이 문장을 생성하는 과정에서 AI 모델이 빈칸에 들어갈 후보를 다음과 같이 도출했다고 합시다.

> '라면(40%)', '떡볶이(25%)', '김밥(15%)', '짜장면(10%)', '피자(5%)', …

Top-k 샘플링에서 k=3으로 설정했다면 AI 모델은 확률이 가장 높은 3개 선택지인 '라면', '떡볶이', '김밥'을 후보로 고려하고, 이 중에서 무작위로 선택해 문장을 완성합니다.

이 방식은 확률이 낮은 단어(비논리적인 선택)를 배제하면서도 지나친 반복을 방지함으로써 다양한 표현을 유지하는 장점이 있습니다. 하지만 상위 k개라는 고정된 개수 때문에 경우에 따라 불필요하거나 부자연스러운 단어가 후보에 포함될 수도 있습니다.

Top-p 샘플링

Top-p 샘플링(Top-p sampling)은 Top-k 샘플링의 단점을 보완하기 위한 방식으로, 단어 후보의 개수를 고정하지 않고 상황에 따라 유연하게 단어를 선택합니다.

> 민수는 더워서 에어컨을 켜고 _____

이 문장을 생성하는 과정에서 AI 모델이 다음에 올 후보를 다음과 같이 도출했다고 합시다.

> '시원하게(55%)', '잠을(20%)', '책을(10%)', '수박을(8%)', '눈을(2%)', '코끼리를(1%)', …

만약 Top-k 샘플링 방식에서 k=5로 설정했다면 상위 5개 선택지인 '시원하게', '잠을', '책을', '수박을', '눈을'이 후보가 됩니다. 하지만 '눈을'이라는 표현은 문맥상 어색하거나 불필요한 후보일 수 있습니다. 더 극단적인 예로, 만약 k 값을 너무 크게 설정하면 '코끼리를' 같은 매우 부적절하게 느껴지는 말도 포함될 수 있습니다.

이 문제를 해결하기 위해 Top-p 샘플링에서는 확률이 높은 단어부터 순차적으로 더해가면서 누적 확률이 정해진 기준(p)에 도달하는 순간까지만 후보로 유지합니다. 예를 들어 p=0.90(90%)으로 설정하면 누적 확률이 90%가 될 때까지 후보를 선택합니다. 즉 '시원하게(55%)', '잠을(20%)', '책을

(10%)', '수박을(8%)'까지 더하면 누적 확률이 93%가 돼 90%를 넘기 때문에 이후의 낮은 확률 후보('눈을', '코끼리를')가 자동으로 제외됩니다.

이러한 Top-p 샘플링 방식을 사용하면 후보의 개수가 매번 유연하게 결정됩니다. 따라서 불필요하거나 부자연스러운 단어가 포함되는 것을 막아 더 자연스러운 문장이 생성됩니다.

그림 2-20 **Top-p 샘플링의 예**

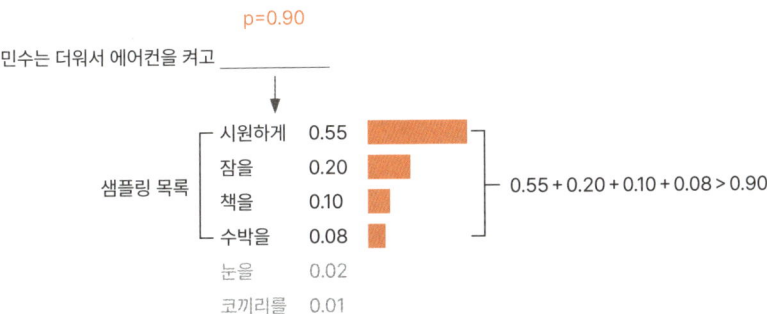

2.4.3 언어 모델부터 발전한 이유

언어 모델은 다음 단어를 생성하는 것에 그치지 않고 상황과 맥락에 따라 창의성과 자연스러움을 확보하기 위해 다양한 방식을 활용합니다. 그런데 생성형 AI는 이미지, 오디오 등 다양한 데이터 중에서 왜 언어(텍스트) 데이터를 가장 먼저 활용했을까요?

풍부한 양과 뛰어난 접근성

텍스트는 일상생활에서 가장 흔하게 접할 수 있는 데이터입니다. 매일 엄청난 양의 텍스트가 웹상에 쏟아져 나오고 있습니다. 뉴스 기사, 블로그 게시물, 소셜 미디어의 글, 온라인 리뷰, SNS 메시지 등이 모두 텍스트입니다. 반면에 이미지는 사진을 찍거나 그림을 그려야 얻을 수 있는 데이터이며, 저장 및 처리할 때 많은 공간과 시간을 필요로 합니다. 또한 음성의 경우 목소리를 녹음한 후 이를 분석 가능한 형태로 변환하는 복잡한 과정을 거쳐야 합니다.

하지만 텍스트는 일련의 생성·수집·저장 과정이 쉽고 빠르며, 용량도 이미지나 오디오보다 훨씬 작기 때문에 효율적으로 처리할 수 있습니다. 결국 텍스트는 풍부한 양과 뛰어난 접근성 덕분에 초기의 AI 모델부터 방대한 양의 데이터를 확보하고 학습시켜 결과를 낼 수 있는 이상적인 데이터로 활용됐습니다.

다루기 쉬운 구조

텍스트의 또 다른 강점은 규칙적이고 분석하기 쉬운 데이터 구조라는 것입니다. 사람의 언어는 일정한 규칙(문법과 단어의 구성)을 따르기 때문에 AI가 쉽게 학습할 수 있습니다. 예를 들어 "나는 오늘 치킨을 먹었다"라는 문장의 경우 AI는 주어(나는), 목적어(치킨을), 서술어(먹었다)로 이뤄진 구조를 빠르게 파악할 수 있습니다. 이러한 문장 구조는 문법적으로 규칙적이고 일관되기 때문에 AI가 패턴을 찾아 학습하기에 좋습니다.

이와 달리 이미지나 오디오는 학습하기가 어렵습니다. 이미지의 물체나 상황을 이해하기 위해 픽셀 단위로 복잡한 분석을 해야 하고 색상, 명암, 위치와 같은 다양한 변수도 고려해야 합니다. 오디오 역시 배경 음악, 말하는 속도, 억양 등의 요인을 분석하고 의미를 파악하기 위해 복잡한 과정을 거쳐야 합니다.

즉시 적용 가능성

텍스트가 생성형 AI에 활발하게 이용되는 결정적인 이유는 현실에 바로 적용할 수 있다는 점 때문입니다. 텍스트는 거의 모든 디지털 환경에 즉시 적용할 수 있습니다. 대형 언어 모델의 등장으로 챗GPT 같은 자연스러운 대화형 AI를 이용할 수 있게 됐습니다. 번역 서비스, 이메일 자동 완성 기능, 뉴스 기사 요약 등 일상에서 이용 가능한 서비스는 모두 텍스트 기반 대형 언어 모델의 은혜를 입었습니다.

물론 이미지 또는 오디오 기반의 생성형 AI도 유용하지만, 텍스트처럼 즉각적이고 광범위하게 활용하기 어려운 것이 현실입니다. AI가 학습한 결과물을 일상에서 가장 빠르고 효율적으로 사용하는 데 핵심적인 역할을 한 데이터는 단연코 텍스트입니다.

2.4.4 대형 언어 모델의 학습 과정

지금까지 초기 AI(규칙 기반 시스템)가 머신러닝을 거쳐 딥러닝, 트랜스포머, 언어 모델로 발전한 과정을 소개했습니다. 이는 다음과 같이 간략하게 요약할 수 있습니다.

- **머신러닝:** 데이터의 특징을 보고 스스로 패턴을 찾아 규칙을 만듭니다.
- **딥러닝:** 데이터를 분석해 중요한 특징을 스스로 찾아내고 복잡한 문제를 해결합니다.
- **트랜스포머:** 문장의 중요한 단어와 문맥에 집중해 문장의 의미를 병렬적으로 파악합니다.
- **언어 모델:** 다음에 나올 단어를 예측하는 방식으로 자연스러운 문장을 생성합니다.

또한 언어 모델을 중심으로 생성형 AI가 발전한 이유도 살펴봤습니다. 그렇다면 실제 대형 언어 모델은 어떤 방식으로 학습할까요?

대형 언어 모델이 인간처럼 자연스럽게 대화를 나누고 글을 쓸 수 있게 되기까지의 학습 과정은 다음과 같습니다.

- **1단계:** 방대한 양의 텍스트 수집하기
- **2단계:** 데이터 전처리하기
- **3단계:** 트랜스포머 모델로 데이터 학습하기

1단계: 방대한 양의 텍스트 수집하기

대형 언어 모델은 엄청나게 많은 양의 데이터로 학습합니다. '대형'이라는 말에는 AI 모델이 복잡하고 크다는 의미뿐만 아니라 학습하는 데이터의 규모가 크다는 의미도 포함돼 있습니다.

대형 언어 모델은 가능한 한 많은 텍스트를 수집합니다. 수천만 권의 책, 수십억 개의 웹 페이지, 위키피디아의 전체 데이터, 뉴스 기사, 소셜 미디어의 글, 심지어 프로그래밍 코드까지 온갖 것을 수집합니다. 세상에서 가장 크고 방대한 도서관의 자료를 통째로 가져오는 셈이라고 할 수 있습니다.

2단계: 데이터 전처리하기

도서관에 아무리 많은 자료가 있어도 어지럽게 쌓여 있으면 원하는 자료를 찾기 어렵듯이, AI가 수집한 데이터를 쉽게 배우고 이해하려면 데이터를 분석하기 쉬운 형태로 변환하는 **데이터 전처리**(data preprocessing) 과정을 거쳐야 합니다.

- **불필요한 정보 제거:** 텍스트의 의미를 정확하게 파악하기 위해 불필요한 내용을 지우고 의미 있는 정보만 남깁니다. 이는 웹 사이트에서 광고나 불필요한 메뉴를 제거하는 것과 같습니다.
- **토큰화:** 문장과 단어를 AI가 이해할 수 있는 작은 단위로 나눕니다. 예를 들어 "나는 오늘 점심을 먹었다"라는 문장은 '나는', '오늘', '점심을', '먹었다'와 같이 작은 단위(토큰)로 나누면 AI가 쉽게 처리할 수 있습니다.

데이터 전처리는 요리사가 재료를 다듬고 손질해 요리하기 좋은 상태로 준비하는 것에 비유됩니다. 깨끗하게 준비된 데이터를 이용하면 AI는 더 빠르고 정확하게 학습할 수 있습니다.

3단계: 트랜스포머 모델로 데이터 학습하기

마지막 단계에서는 트랜스포머 모델을 활용해 학습합니다. AI는 트랜스포머 모델의 어텐션 메커니즘을 사용해 각 단어와 문장에서 중요한 정보를 찾고 기억합니다. 학습 원리는 간단합니다. 다음과 같이 빈칸에 들어갈 단어를 맞히는 연습을 반복적으로 진행합니다.

- **입력 문장:** 아침에 일어나면 가장 먼저 하는 일은 _____
- **정답 단어:** '세수', '커피 마시기', '스트레칭' 등

이 과정을 수없이 반복하면서 AI는 상황에 맞는 가장 적절한 단어와 표현을 점점 더 잘 기억하게 됩니다. 워낙 많은 양의 텍스트로 학습하다 보니 오류가 있는 문장도 포함될 수 있지만, 어느 정도는 옳은 방향으로 학습이 이뤄집니다. 이렇게 학습하면 수많은 문장과 단어의 관계를 배워 인간과 비슷한 방식으로 글을 쓸 수 있게 됩니다.

초기 딥러닝 모델인 순환 신경망이나 장단기 기억 모델은 데이터를 순서대로 하나씩 처리했기 때문에 방대한 데이터를 학습하는 데 너무 많은 시간이 걸렸습니다. 하지만 트랜스포머는 문장 전체를 병렬로 빠르게 처리할 수 있어 훨씬 효율적인 학습이 가능하며, 이러한 효율성 덕분에 대형 언어 모델이 탄생하게 됐습니다.

충분히 학습된 대형 언어 모델로 가장 유명한 것은 오픈AI의 GPT입니다. 다음 장에서는 GPT의 발전 과정과 작동 방식, 세계적으로 주목받는 이유를 자세히 살펴보겠습니다.

CHAPTER 3

오픈AI의 대형 언어 모델, GPT

인간과 같은 범용적 능력을 가진 GPT

3.1 GPT의 개요
3.2 대형 언어 모델의 첫걸음: GPT-1
3.3 본격적인 대화형 AI: GPT-2
3.4 스케일의 혁신으로 인간에 가까워진 AI: GPT-3
3.5 인간과 소통하는 AI: GPT-3.5와 챗GPT
3.6 멀티모달 모델의 등장: GPT-4
3.7 생성형 AI의 미래: GPT-4o와 오픈AI o1
3.8 생성형 AI의 평가 지표

프 | 리 | 뷰

대형 언어 모델이 어떻게 문장을 이해하고 생성할 수 있는지 알아봤으니 이 장에서는 대형 언어 모델을 실제 서비스로 구현한 대표 사례인 GPT에 대해 살펴봅시다. 2018년에 오픈AI가 처음 공개한 후 GPT는 발전을 거듭해 전 세계를 놀라게 하고 있습니다. GPT는 AI 기술이 인간의 언어를 얼마나 창의적이고 자연스럽게 다룰 수 있는지 증명해냈습니다.

이 장에서는 GPT의 탄생 배경과 GPT 시리즈의 각 모델이 어떤 특징을 가지고 있는지 자세히 살펴봅니다. 그리고 앞으로 GPT가 어떻게 발전해나갈지 예측해봅니다.

3.1 GPT의 개요

GPT는 'Generative Pre-trained Transformer(사전 학습된 생성형 트랜스포머)'의 줄임말입니다. 이 말의 의미는 다음과 같습니다.

- **Generative(생성형):** 스스로 새로운 결과물을 만들어내는 것을 말합니다. 요리사가 레시피를 참고해 다양한 요리를 만들듯이 GPT는 학습된 데이터를 바탕으로 새로운 문장을 생성합니다.

- **Pre-trained(사전 학습된):** GPT는 엄청난 양의 데이터를 사전 학습된 상태로 제공하므로 마치 수많은 책을 읽고 공부를 끝낸 상태로 시험을 보는 학생과 같습니다. 따라서 사용자는 GPT를 별도로 학습시키는 과정 없이 바로 사용할 수 있습니다.

- **Transformer(트랜스포머):** 최신 딥러닝 모델입니다. 문장 전체를 병렬로 빠르게 처리할 수 있어 긴 문장을 정확하게 이해하고 생성합니다.

정리하자면 GPT는 방대한 데이터를 학습한 후 스스로 문장을 자연스럽게 생성해내는 트랜스포머 기반의 AI 모델입니다. GPT는 미국의 AI 기업인 오픈AI에서 개발했습니다. 2015년에 설립된 오픈AI는 10년도 채 안 되는 사이에 세계에서 가장 영향력 있는 AI 기업으로 성장했습니다.

그런데 오픈AI가 GPT를 출시하기 전에 이미 글을 쓰거나 인간과 대화할 수 있는 AI가 시중에 나와 있었습니다. 하지만 번역을 잘하는 AI는 번역만 했고, 글을 요약하는 AI는 요약만 하는 등 특정 작업에만 특화돼 있었습니다.

이러한 AI는 한 가지 요리에만 능숙한 요리사와 같아서, 새로운 요리를 하려면 매번 다른 요리사를 찾아야 했습니다.

이에 오픈AI는 여러 가지 작업을 두루 잘할 수 있는 능력을 가진 AI를 만들고자 했습니다. 그 결과물로 2018년에 최초의 GPT 모델인 GPT-1을 내놓았는데, 이는 다양한 작업을 할 수 있도록 설계된 언어 모델이었습니다.

그 이후 오픈AI는 더 크고 강력한 GPT-2, GPT-3, GPT-3.5, GPT-4, GPT-4o, GPT-4.5 등을 발표하며 GPT 모델을 지속적으로 발전시켰습니다. 이 과정에서 모델의 성능이 놀라울 정도로 향상돼 단순히 텍스트를 생성하는 수준을 넘어 인간과 자연스럽게 대화를 나누고, 글을 쓰고, 코딩을 하고, 심지어 창의적인 글쓰기도 가능한 수준에 이르렀습니다.

특히 GPT-3와 GPT-3.5는 전 세계에 큰 충격을 안겨줬습니다. GPT-3는 인간이 작성한 것처럼 자연스럽고 창의적인 문장을 만들어내 대형 언어 모델의 가능성을 확실히 입증했습니다. 또한 GPT-3.5는 챗GPT 서비스에 활용돼 일반 사용자도 손쉽게 AI를 이용할 수 있게 됐으며, 이는 사회적 혁신으로 이어졌습니다.

이러한 GPT 모델의 출시일과 파라미터 수는 다음과 같습니다.

표 3-1 GPT 모델의 출시일과 파라미터 수

모델명	출시일	파라미터 수(모델 크기)
GPT-1	2018년 6월	1.17억 개
GPT-2	2019년 2월	15.42억 개
GPT-3	2020년 6월	1,750억 개
GPT-3.5	2022년 11월	비공개
GPT-4	2023년 3월	비공개
GPT-4o	2024년 5월	비공개
GPT-4.5	2025년 2월	비공개

파라미터(parameter)는 AI 모델이 기억할 수 있는 정보의 양으로, 인간으로 치자면 뇌세포 수와 같습니다. 일반적으로 파라미터가 많을수록 AI 모델의 성능이 좋다고 할 수 있습니다.

3.2 대형 언어 모델의 첫걸음: GPT-1

GPT 시리즈의 시작인 **GPT-1**은 2018년 6월 오픈AI가 발표한 논문 〈Improving Language Understanding by Generative Pre-Training(생성적 사전 학습을 통해 언어 이해 능력 향상하기)〉을 통해 처음 공개됐습니다. 논문의 제목에서 알 수 있듯이 GPT-1의 가장 큰 목적은 사전 학습이라는 새로운 방식으로 언어 모델의 성능을 향상하는 것이었습니다. 분야와 상관없이 다양한 책을 많이 읽은 학생이 특정 교과목의 수업 내용을 더 잘 이해할 수 있는 것처럼 GPT-1은 특정 작업을 하기 전에 수많은 텍스트를 학습함으로써 언어를 더욱 빠르고 정확하게 이해하고 생성할 수 있었습니다.

3.2.1 사전 학습과 파인 튜닝에 의한 언어 처리

GPT-1은 사전 학습된 상태로 제공됐습니다. **사전 학습**(pre-training)이란 데이터의 문장과 단어를 그대로 학습해 다음 단어를 자연스럽게 생성하는 능력을 키우는 방식을 말합니다.

GPT-1의 사전 학습에 사용된 데이터는 **북코퍼스**(BookCorpus)라는 데이터세트입니다. 북코퍼스는 약 7,000권에 달하는 도서 데이터로, GPT-1은 이 방대한 데이터세트로 수많은 문장과 표현 방식을 학습해 자연스러운 문장 생성 능력을 길렀습니다.

이렇게 사전 학습된 GPT-1은 문장 분류, 감정 분석, 문장 완성 등의 특정 작업을 잘할 수 있도록 추가로 세부 학습을 진행했는데, 이를 **파인 튜닝**(fine-tuning)이라고 합니다. 이는 말 그대로 학습을 새로 하는 것이 아니라 특정 작업을 수행하기 전에 해당 작업에 맞는 데이터를 추가로 학습하는 조정 과정을 거치는 것입니다. 학기 중에 다양한 과목의 공부를 미리 해두는 것이 사전 학습이라면, 파인 튜닝은 영어 시험 전에 영어 단어를 따로 외우고, 수학 시험 전에 수학 문제를 따로 푸는 것처럼 시험을 보기 직전에 특정 과목을 집중적으로 공부하는 것에 비유할 수 있습니다.

그림 3-1 **GPT-1의 파인 튜닝**(출처: medium.com)

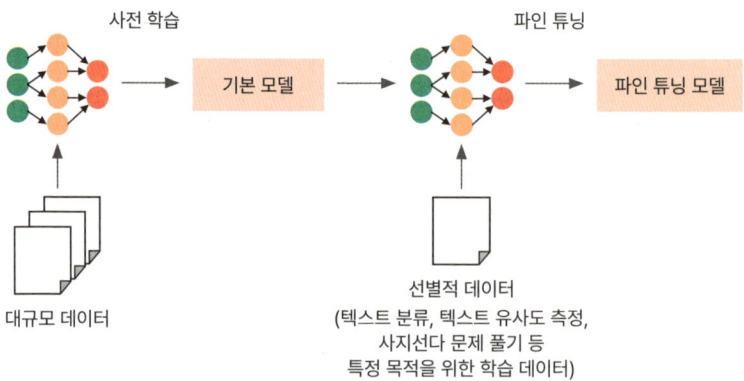

3.2.2 **GPT-1의 의의와 한계**

GPT-1은 사전 학습된 상태에서 추가 학습 과정인 파인 튜닝을 거침으로써 다양한 분야에의 활용 가능성을 넓혔다는 점에서 혁신적이었습니다. 이전에는 AI가 특정한 언어 작업만 수행할 수 있었지만 GPT-1은 단 하나의 모델로 여러 가지 작업을 수행했는데, 이는 AI가 일반적인 언어 이해 능력을 가질 수 있음을 입증하는 계기가 됐습니다.

하지만 두 가지 한계가 있었습니다.

첫째, 성능이 떨어졌습니다. GPT-1은 파라미터가 약 1.17억 개로, 당시로서는 파라미터가 많다고 할 수 있었습니다. 하지만 후속으로 나온 GPT-2, GPT-3 모델에 비하면 파라미터가 지극히 적어 성능이 떨어질 수밖에 없었습니다.

둘째, GPT-1은 특정 작업을 수행할 때마다 매번 파인 튜닝을 해야만 했습니다. 학생이 시험을 볼 때마다 새로 공부해야 하는 것처럼 GPT-1은 새로운 작업을 할 때마다 별도의 추가 학습을 해야 했고, 이는 모델의 효율성과 활용성을 떨어뜨리는 요인이 됐습니다.

3.3 본격적인 대화형 AI: GPT-2

오픈AI의 연구 팀은 GPT-1의 한계를 넘어서기 위해 언어 모델을 더 크게 만들고 좀 더 풍부한 데이터를 학습시키는 방향으로 연구를 이어갔습니다. 이렇게 해서 탄생한 두 번째 모델이 바로 **GPT-2**입니다.

GPT-2는 〈Language Models are Unsupervised Multitask Learners(언어 모델은 감독 없이 다양한 작업을 학습하는 학습자다)〉라는 논문에 처음 등장했습니다. 이는 특정 작업에 대한 언어 모델이 아닌 일반적인 언어 모델을 만들기 위한 연구의 논문이었습니다.

GPT-2는 파라미터가 무려 15.42억 개로, GPT-1의 1.17억 개보다 10배 이상 큰 언어 모델이었습니다. 이는 언어 모델이 기억하고 처리할 수 있는 정보의 양과 복잡도가 크게 향상됐음을 뜻합니다.

GPT-2는 학습 데이터 규모도 크게 확대됐습니다. GPT-1은 도서 데이터세트인 북코퍼스를 학습했지만, GPT-2는 **웹텍스트**(WebText)라는 데이터세트를 사용해 약 800만 개의 웹 페이지(약 40GB 분량)를 학습하고 언어에 담긴 다양한 표현과 맥락을 익혔습니다. GPT-1이 도서관에 있는 책으로 학습한 학생이라면, GPT-2는 인터넷의 방대한 자료로 학습한 학생과 같습니다. 인터넷에서 얻은 풍부한 정보 덕분에 GPT-2는 GPT-1보다 훨씬 다양한 상황과 문맥의 언어를 이해하고 활용할 수 있었습니다.

3.3.1 사전 학습만으로의 언어 처리

GPT-1은 특정 작업을 할 때마다 파인 튜닝이 필요했습니다. 번역을 하려면 번역 데이터를 추가로 학습하고, 글을 요약하려면 요약 데이터를 추가로 학습해야 했습니다. 한 가지 요리만 잘하는 요리사가 다른 요리를 하기 위해 매번 새 요리를 배워야 하는 셈이었습니다.

반면에 GPT-2는 이러한 과정의 상당 부분을 생략할 수 있었습니다. 처음부터 여러 가지 요리를 할 수 있는 기본기를 갖춘 요리사처럼 별도의 파인 튜닝 없이도 다양한 언어 관련 작업을 수행했습니다. GPT-2는 기본적으로 다음과 같은 자연어 처리 작업을 할 수 있습니다.

- **텍스트 완성:** 문장의 앞부분을 제시하면 자연스럽게 다음 문장을 만듭니다. 예를 들어 "어제 날씨가 너무 추워서 나는"이라고 입력하면 "집에 일찍 들어와 따뜻한 차를 마셨다"와 같은 문장을 완성합니다.

- **질의 응답:** 질문을 이해하고 적절한 답을 찾아냅니다. 예를 들어 "한국의 수도는 어디인가요?"라고 질문하면 "한국의 수도는 서울입니다"와 같이 답변합니다.

- **텍스트 요약:** 긴 글을 입력하면 핵심 내용을 요약합니다. 예를 들어 긴 뉴스 기사를 입력하면 주요 내용을 파악해 짧은 문장으로 간추립니다.

- **번역:** 간단한 수준의 번역을 수행합니다. "Good morning"을 입력하면 "좋은 아침입니다"와 같이 번역합니다.

- **감정 분석:** 문장의 감정을 파악합니다. "오늘 정말 행복했어!"라고 입력하면 이 문장에 긍정적인 감정이 담겨 있다는 것을 이해합니다.

3.3.2 GPT-2의 의의와 한계

GPT-2는 언어 모델의 크기와 학습 데이터의 양을 확대하면 다양한 언어 작업을 동시에 수행할 수 있다는 것을 처음으로 입증했습니다. GPT 이전의 언어 모델이 한 가지 작업만 잘하는 '전문가형 모델'이라면, GPT-1은 사전 학습과 파인 튜닝으로 여러 작업을 동시에 처리할 수 있는 '범용형 모델의 가능성'을 보여줬고, GPT-2는 사전 학습만으로 여러 작업을 동시에 처리할 수 있는 '실제 범용형 모델'을 구현한 것이었습니다.

하지만 GPT-2 역시 완벽하지는 않았습니다. 때로는 맥락에서 벗어난 이상한 문장을 생성하거나, 긴 맥락을 완벽하게 기억하지 못하는 문제점이 있었습니다. 또한 글을 생성하는 과정에서 잘못된 정보를 실제 사실인 것처럼 만드는 **환각 현상**(hallucination)도 나타났습니다.

3.4 스케일의 혁신으로 인간에 가까워진 AI: GPT-3

AI가 인간과 같은 자연스러운 언어 능력을 갖추기 위해서는 더 큰 규모의 언어 모델과 더 풍부한 학습 데이터가 필요했습니다. 오픈AI는 이러한 방향으로 적극적으로 발전시켜 이전 모델을 압도하는 **GPT-3**를 개발했습니다. 2020년 6월, 오픈AI는 〈Language Models are Few-Shot Learners(언어 모델은 소수의 예시만으로도 학습할 수 있다)〉라는 논문과 함께 GPT-3를 공개했습니다.

GPT-3는 GPT-2에 비해 엄청난 규모로 커진 언어 모델이었습니다. 파라미터가 GPT-2의 100배 이상인 1,750억 개에 달해 전 세계 AI 연구자들에게 큰 충격을 안겨줬습니다.

GPT-3는 단순히 언어 모델의 규모만 커진 것이 아니라, 이전과는 비교할 수 없을 정도로 방대한 양의 데이터를 학습했습니다. GPT-3가 학습한 데이터는 웹상의 방대한 텍스트 자료를 모은 **커먼크롤**(Common Crawl)로, 이는 전자책, 뉴스 기사, 위키백과 등의 다양한 자료로 구성된 750GB 이상의 데이터세트였습니다. GPT-2가 인터넷을 그냥 둘러보며 학습했다면, GPT-3는 전 세계의 모든 도서관과 인터넷의 자료를 통째로 학습한 AI 모델이었습니다.

3.4.1 퓨샷 러닝과 프롬프트 엔지니어링

GPT-3의 가장 큰 혁신은 퓨샷 러닝과 프롬프트 엔지니어링이라는 새로운 기법으로 파인 튜닝 없이도 새로운 작업을 매우 빠르게 습득할 수 있다는 것입니다. GPT-1은 특정 작업을 수행하려면 추가로 많은 데이터로 재학습하는 파인 튜닝 과정이 필요했습니다. 여기서 발전된 GPT-2는 범용적 모델이기는 했지만 익숙지 않은 작업의 경우 여전히 완벽한 성능을 발휘하지 못했습니다.

하지만 GPT-3는 새로운 작업을 수행할 때 몇 가지 예시(샘플)만 제시하면 즉각적으로 그 작업을 이해하고 자연스러운 결과를 만들어냈습니다. 예를 들어 GPT-3에게 다음과 같이 예시를 보여주면 번역 결과를 스스로 생성할 수 있습니다.

> 영어: Hello → 한국어: 안녕하세요
> 영어: Thank you → 한국어: 감사합니다
> 영어: Goodbye → 한국어: ?

이처럼 GPT-3는 몇 가지 예시만 있어도 이해하고 일반화해 대답합니다. 심지어 예시가 없어도(zero-shot) 인간과 같은 직관을 발휘해 어느 정도 자연스러운 문장을 생성하거나 질문에 답변할 수 있습니다. 이렇게 학습할 예시 몇 개만으로도 문제를 잘 푸는 능력을 **퓨샷 러닝**(few-shot learning)이라고 합니다.

GPT-3가 몇 가지 예시만으로 새로운 작업을 바로 이해하고 수행할 수 있었던 데에는 프롬프트 엔지니어링도 큰 몫을 했습니다. **프롬프트 엔지니어링**(prompt engineering)은 특정 작업을 더 잘할 수 있도록 명확한 예시와 지시사항을 제시해 원하는 결과를 얻는 기술입니다. 즉 누군가에게 일을 시킬 때 정확하게 지시하면 더 좋은 성과를 내는 것을 AI에 적용한 것입니다.

그림 3-2 퓨샷 러닝과 파인 튜닝 방식의 비교

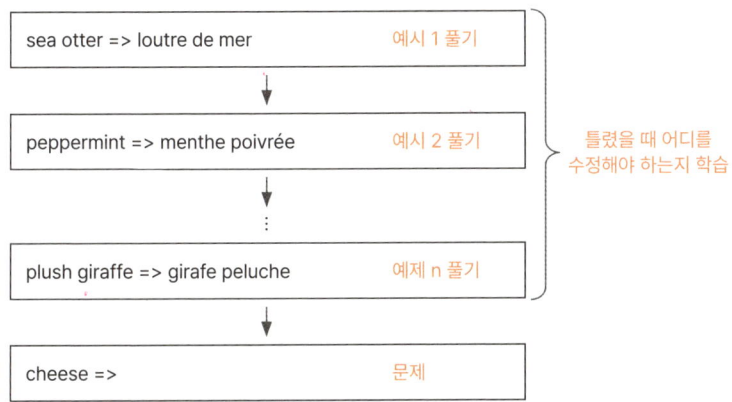

퓨샷 러닝과 프롬프트 엔지니어링을 통해 GPT-3는 기존 언어 모델이 갖추지 못한 유연성을 확보했습니다. 그 결과 GPT-3는 일반적인 대화에서도 자연스럽고 유창하게 소통할 수 있었습니다.

3.4.2 GPT-3의 의의와 한계

GPT-3가 AI의 발전에 끼친 영향력은 실로 엄청났습니다. GPT-3는 모델의 규모를 키우면 그만큼 성능이 향상된다는 **스케일링 법칙**(scaling law)을 확실히 입증했습니다.

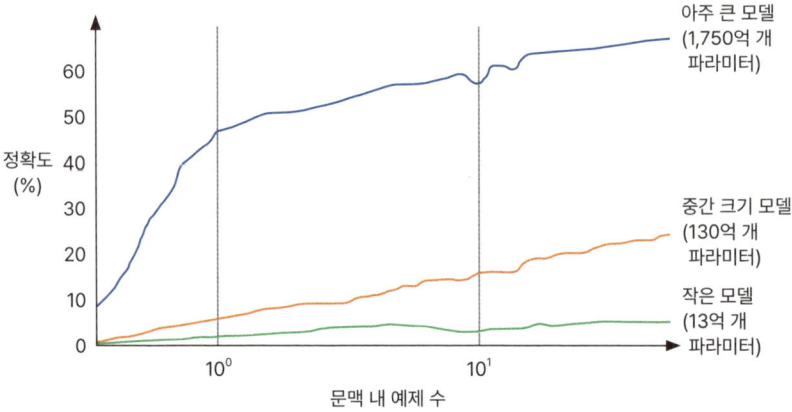

그림 3-3 스케일링 법칙

또한 퓨샷 러닝, 프롬프트 엔지니어링과 같은 새로운 기법이 등장하면서 AI의 발전 방향 폭도 넓어졌습니다. AI 모델을 더 좋게 만들어야 할 뿐만 아니라 명령을 잘해야 한다는 개념이 추가된 것입니다.

한편 GPT-3는 자연스러운 문장을 만들어내는 능력에도 불구하고 잘못된 정보를 사실인 것처럼 생성하는 환각 문제, 편향된 데이터로 학습함으로써 편견이나 오해를 불러일으키는 문제 등이 해결해야 할 과제로 남았습니다. 대형 언어 모델의 언어 능력이 점점 발전하면서 악의적인 목적으로 오용될 위험성도 커졌습니다.

인간과 소통하는 AI: GPT-3.5와 챗GPT

GPT-3는 대형 언어 모델의 무한한 가능성을 보여줬지만 사용자의 의도를 정확히 파악해 적절하게 대응하는 능력이 부족했습니다. 이에 오픈AI는 사용자의 피드백을 직접 AI의 학습 과정에 반영하는 새로운 접근법을 시도했습니다. 그 결과로 탄생한 것이 GPT-3.5이고, 이 모델을 기반으로 등장한 서비스가 바로 챗GPT입니다.

3.5.1 사용자 피드백 기반 강화 학습

GPT-3.5는 GPT-3를 기반으로 하면서 한 가지 기술이 추가된 모델이었습니다. GPT-3.5에 추가된 기술은 **사용자 피드백 기반 강화 학습**(RLHF, Reinforcement Learning from Human Feedback)으로, 이는 사용자의 평가와 피드백을 통해 점점 더 나은 방향으로 발전하도록 학습시키는 방식입니다.

이전의 GPT-3는 방대한 텍스트 데이터로만 학습했기 때문에 때때로 잘못된 정보나 불필요한 표현을 생성하기도 했습니다. 하지만 사용자 피드백 기반 강화 학습 기술을 적용하면 사용자가 생성된 결과물을 보고 좋은 답변과 나쁜 답변을 평가해 피드백하기 때문에 AI가 좋은 답변을 정확히 파악할 수 있습니다.

그림 3-4 사용자 피드백 기반 강화 학습의 3단계

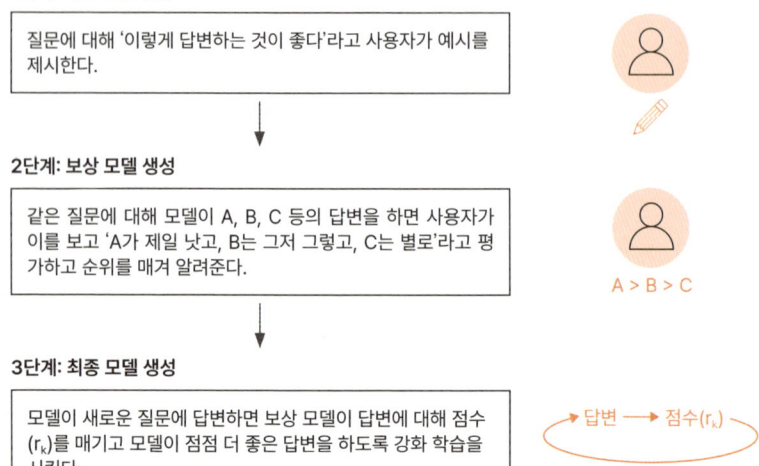

이는 학생이 혼자 도서관이나 인터넷의 자료를 이용해 공부하는 것이 아니라 선생님의 지속적인 지도를 받으며 공부하는 것과 마찬가지입니다. 이렇게 잘못된 점을 바로바로 지적받아 고치면 성적뿐만 아니라 태도나 인성도 좋아질 것입니다.

사용자 피드백 기반 강화 학습 기술 덕분에 GPT-3.5는 GPT-3보다 훨씬 더 인간에게 적합한 답변을 할 수 있게 됐습니다. 또한 잘못된 정보를 생성하거나 편향된 답변을 하는 경우가 크게 줄어들었습니다.

여기서 더 나아가 오픈AI는 GPT 모델을 실제 서비스로 출시하기 위해 기존 모델에 추가적으로 안전성과 엄격한 규제를 적용했습니다. 즉 AI가 사용자의 질문에 답변할 때 정확한 정보를 담을 뿐 아니라 사회적으로 적합하고 윤리적인 답변을 생성할 수 있도록 강화한 것입니다. 이러한 과정을 거쳐 오픈AI는 2022년 11월에 챗GPT를 출시했습니다.

그림 3-5 GPT-3에 사용자 피드백과 안전성을 더해 만든 챗GPT

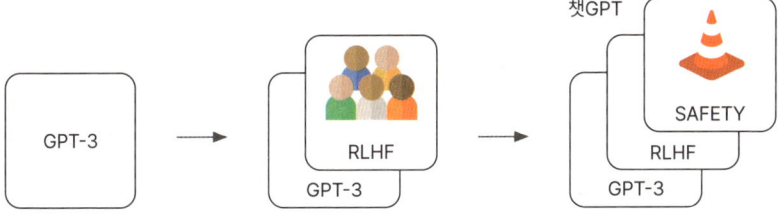

3.5.2 대화형 AI의 새로운 시대를 연 챗GPT

GPT-3.5 모델을 기반으로 안전성이 강화된 챗GPT는 누구나 쉽게 AI와 대화할 수 있는 채팅형 서비스입니다. 챗GPT는 사용자가 입력한 질문이나 요청을 이해하고 실제 사람처럼 자연스럽게 답변합니다. 단순히 문장을 완성하는 정도를 넘어 이전 대화의 맥락을 기억하고 사용자의 의도를 정확히 파악해 대화할 수 있습니다.

챗GPT는 출시되자마자 전 세계적으로 엄청난 반향을 일으켰습니다. AI 기술에 익숙지 않은 일반인도 챗GPT라는 AI와 대화를 나누고 글쓰기, 번역, 요약 등 다양한 작업을 손쉽게 할 수 있게 됐습니다. 단기간에 수억 명의 사용자를 확보한 챗GPT를 통해 AI 기술은 우리의 삶에 깊숙이 파고들었습니다.

3.5.3 GPT-3.5와 챗GPT의 의의

GPT-3.5와 챗GPT는 AI가 이제 연구실 안에 머무르는 기술이 아니라 인간의 생활과 직접 맞닿는 기술이 됐다는 점에서 의의가 큽니다. 또한 사용자의 피드백을 적극적으로 활용해 AI를 학습시키는 방식이 효과적이라는 사실이 증명됨으로써 이후 GPT 모델이 더욱 인간 중심적이고 윤리적인 방향으로 발전할 수 있는 발판이 마련됐습니다.

3.6 멀티모달 모델의 등장: GPT-4

챗GPT를 출시한 오픈AI는 더 발전된 모델을 만들기 위한 노력을 멈추지 않았습니다. 인간의 능력에 더 가까운 AI를 개발하려면 텍스트만 잘 다루는 것으로는 충분치 않습니다. 인간은 텍스트뿐 아니라 이미지, 소리, 영상 등의 감각 정보를 종합적으로 이해하고 판단합니다. 즉 인간과 비슷한 수준의 AI가 되려면 다양한 형태의 정보를 동시에 처리할 수 있어야 합니다. 이에 오픈AI는 2023년 3월 멀티모달 모델인 **GPT-4**를 공개했습니다.

그런데 GPT-4는 많은 사람이 기대했던 것과 다소 다른 방식으로 소개됐습니다. 이전의 GPT-2, GPT-3는 비교적 자세한 논문과 함께 구체적인 학습 데이터 규모, 모델의 학습 방식 등이 공개된 반면, GPT-4는 이러한 정보가 공개되지 않았습니다.

3.6.1 텍스트와 이미지의 동시 이해

GPT-4가 이전 모델과 가장 차별화된 부분은 **멀티모달**(multimodal)로, 이는 여러 가지 형태의 데이터를 동시에 처리할 수 있는 능력을 의미합니다. 기존 GPT 모델은 텍스트만 이해하고 생성할 수 있었지만, GPT-4는 텍스트와 이미지를 함께 처리할 수 있는 능력을 갖췄습니다.

GPT-2와 GPT-3는 사진이나 그림을 보여줘도 전혀 이해하지 못했습니다.

하지만 GPT-4는 사진의 장면을 설명하거나, 그림에서 특이한 점을 발견하고 그 의미를 분석할 수 있습니다. 예를 들어 GPT-4에게 냉장고 안 사진을 보여주고 "냉장고 안에 있는 재료로 만들 수 있는 요리를 추천해줘"라고 명령하면 GPT-4는 사진의 음식 재료를 파악하고 "냉장고에 있는 달걀과 채소를 이용해 오믈렛을 만들 수 있습니다"와 같이 자연스럽게 답변합니다.

GPT-4는 그림과 표를 보고 분석하거나 요약할 수도 있습니다. 간단한 수학 문제를 사진으로 찍어서 보여주면 문제를 이해하고 정답과 그 풀이 과정을 설명할 수 있을 정도입니다.

3.6.2 GPT-4의 의의와 한계

GPT-4는 AI가 언어뿐만 아니라 시각 정보까지 복합적으로 다룰 수 있음을 보여줌으로써 AI 기술 발전의 새로운 방향을 제시했습니다. AI가 텍스트와 이미지를 동시에 이해하고 처리할 수 있게 되면서 더 복잡하고 창의적인 작업이 가능해졌습니다.

그러나 AI가 완벽한 것은 아닙니다. 잘못된 정보를 생성하는 문제, 편향된 답변을 하는 문제, 환각 문제 등은 GPT-3 때부터 계속 이어졌습니다. 때로는 의도치 않은 방식으로 이미지를 해석하는 문제, 언어 모델의 규모가 커지고 복잡한 능력을 갖추면서 연산 비용이 높아지고 자원의 소비가 많아지는 문제도 발생했습니다.

한편 성능이 강력해진 만큼 안전성과 윤리적 사용의 중요성이 더욱 부각됐습니다. 이에 오픈AI는 GPT-4를 출시하면서 매우 엄격한 안전성 평가와 규제를 통해 AI가 잘못된 정보나 유해한 콘텐츠를 생성하지 않도록 추가적인 안전장치를 마련했습니다.

3.7 생성형 AI의 미래: GPT-4o와 오픈AI o1

오픈AI는 AI의 성능과 신뢰성을 더욱 향상해 GPT-4의 다음 모델인 GPT-4o와 새로운 모델 시리즈인 오픈AI o1을 발표했습니다.

3.7.1 텍스트, 이미지, 오디오를 종합적으로 처리하는 GPT-4o

GPT-4o(GPT-4 Omni)는 'Omni(모든 것을 갖춘)'라는 이름에서 알 수 있듯이 텍스트, 이미지, 오디오 등 다양한 형태의 정보를 종합적으로 처리할 수 있는 멀티모달 모델입니다. GPT-4가 텍스트와 이미지를 이해하는 수준에 그쳤다면 GPT-4o는 텍스트, 이미지, 오디오 등을 동시에 이해하고 문제를 해결할 수 있습니다.

이전 모델과 달리 GPT-4o는 텍스트로 질문을 받으면 사람처럼 음성으로 대답하거나, 음성으로 질문을 받으면 텍스트로 대답하고, 심지어 그림을 보고 설명할 수도 있습니다. 예를 들어 GPT-4o에게 사진을 보여주고 사진에 대해 음성으로 설명하라고 하면 마치 눈으로 본 것을 말하듯이 자연스럽게 이야기해줍니다.

GPT-4o는 다양한 형태의 정보를 동시에 다루는 것은 물론이고 정보를 종합해 논리적인 사고까지 할 수 있습니다. 지도 이미지를 제시하면서 "이 지도의 빨간색 점선 길로 가려면 어떤 교통수단을 이용해야 좋을까?"라고 질문하면 지도를 보고 가장 효율적인 경로를 분석한 후 "지하철 3호선을 타고 약 20분 정도 이동한 뒤 버스로 환승하면 됩니다"와 같이 구체적으로 답변합니다. 이러한 수준 높은 추론 능력은 GPT-4o가 인간과 유사한 방식으로 정보를 받아들이고 판단할 수 있음을 의미합니다.

3.7.2 추론 능력과 신뢰성이 향상된 오픈AI o1

멀티모달 능력의 혁신과 함께 오픈AI는 또 다른 중요한 발전을 이루기 위해 **오픈AI o1**이라는 새로운 모델 시리즈를 개발했습니다. 오픈AI o1의 핵심 특징은 단순히 직관적으로 답하는 것을 넘어 더 신중하고 체계적인 **생각의 연쇄**(chain-of-thought)를 통해 여러 단계의 복잡한 추론 과정을 거쳐 정확히 답변한다는 것입니다.

기존 GPT 모델은 질문을 받으면 직관적으로 바로 답변을 내놓았습니다. 반면에 오픈AI o1은 복잡한 문제일수록 스스로 단계적으로 생각을 정리하고 논리적으로 풀어갑니다. 이러한 방식은 특히 여러 단계의 논리적 추론이 필요한 문제에서 뛰어난 성능을 발휘합니다.

다음 문제를 예로 살펴봅시다.

> 한 상자에 12개의 쿠키가 들어 있습니다. 민수는 쿠키 상자를 3개 샀고, 영희는 민수가 가진 쿠키의 절반을 가져갔습니다. 민수에게 남은 쿠키는 몇 개일까요?

이 문제에 대해 기존 GPT 모델이 한 번에 직관적으로 답변할 때는 계산 과정에서 실수를 저지를 가능성이 높습니다. 하지만 오픈AI o1은 다음과 같이 체계적인 추론 과정을 거쳐 답변합니다.

- **1단계:** 한 상자에 쿠키가 12개가 있다.
- **2단계:** 민수는 상자 3개를 샀으므로 쿠키는 총 12 × 3 = 36개이다.
- **3단계:** 영희가 민수의 쿠키 절반을 가져갔으므로 민수는 36 ÷ 2 = 18개의 쿠키를 잃는다.
- **4단계:** 민수에게 남은 쿠키는 36 - 18 = 18개이다.

이처럼 오픈AI o1은 문제를 한 번에 처리하는 대신 각 단계를 명확히 정리해 결론에 도달합니다. 이러한 체계적인 사고 과정 덕분에 오픈AI o1은 복잡한 수학적 계산이나 논리적 추론이 필요한 문제에서 기존 GPT 모델보다 월등히 뛰어난 결과를 도출할 수 있습니다.

또한 신뢰성 측면에서도 오픈AI o1은 단계별 사고 방식을 통해 결과의 정확성을 높이고 잘못된 정보를 줄였습니다. 추론 능력 중심의 차별성으로 인해 오픈AI o1은 GPT 시리즈의 다음 모델인 GPT-5로 발표되지 않고, 논리적이고 복잡한 문제 해결에 특화된 독자적 모델 시리즈로 출시됐습니다.

3.7.3 일반 인공지능으로의 발전

GPT-4o와 오픈AI o1의 등장은 AI가 단순히 정보를 처리하거나 문장을 생성하는 수준을 벗어나 인간과 유사한 추론 능력과 다중 감각을 통합적으로 활용할 수 있음을 보여주는 신호탄입니다. 특히 오픈AI o1 모델이 지닌 생각의 연쇄 방식은 AI가 인간처럼 문제를 분석하고 해결책을 신중히 찾는 단계에 도달했음을 증명합니다.

AI 모델의 발전은 결코 일회적인 현상이 아닙니다. 오픈AI는 GPT-4o를 발표한 이후 차세대 모델인 GPT-4.5, 추론 능력을 더 발전시킨 오픈AI o3를 연이어 발표했습니다. 새로운 모델을 내놓은 지 반년도 채 안 돼 성능을 개선한 것입니다. 오픈AI o1이 박사 수준의 추론 능력을 갖췄다고 한다면 앞으로 나올 모델은 노벨상 수상자 수준에 비유해야 할지도 모릅니다.

이처럼 계속해서 발전하는 GPT 시리즈는 궁극적으로 **일반 인공지능**(AGI, Artificial General Intelligence)이라는 목표를 향해 나아가고 있습니다. 일반 인공지능은 특정 분야에서만 뛰어난 것이 아니라 거의 모든 분야에서 문제를 해결할 수 있는 능력을 가진 AI로, 영화에 나오는 터미네이터나 자비스와 같은 존재입니다. GPT 모델의 발전 방향과 그 속도를 볼 때 일반 인공지능의 등장은 그리 먼 미래의 일이 아닐 것입니다.

지금까지 살펴본 GPT 모델의 주요 특징을 다음 표에 정리했습니다.

표 3-2 **GPT 모델의 특징**

모델	파라미터 수	특징
GPT-1	1.17억 개	• 사전 학습과 파인 튜닝으로 언어 처리 • 범용형 언어 모델의 가능성 제시
GPT-2	15.42억 개	• 사전 학습만으로 언어 처리 • 실제 범용형 언어 모델 구현
GPT-3	1,750억 개	• 퓨샷 러닝과 프롬프트 엔지니어링 도입 • 몇 가지 예시만으로 새로운 작업 이해 및 수행
GPT-3.5	비공개	• 사람의 피드백을 활용한 강화 학습 • 안전성과 엄격한 규제 적용 • 챗GPT 출시
GPT-4	비공개	• 텍스트, 이미지의 동시 처리가 가능한 멀티모달 모델
GPT-4o	비공개	• 텍스트, 이미지, 오디오의 동시 처리가 가능한 멀티모달 통합 모델

3.8 생성형 AI의 평가 지표

생성형 AI가 실제로 얼마나 뛰어난지 객관적으로 평가하는 방법이 없다면 그 성능을 비교하거나 발전시킬 수 없을 것입니다. 그렇다면 생성형 AI는 무엇으로 평가할 수 있을까요? 이 절에서는 생성형 AI의 성능을 평가하는 대표적인 방법과 주요 평가 데이터세트를 살펴보고, 생성형 AI의 성능을 객관적으로 측정하는 것이 왜 중요한지 알아봅시다.

3.8.1 생성형 AI의 성능 평가 방법

머신러닝 모델의 성능을 평가하는 방법은 비교적 명확합니다. 예를 들어 고양이와 강아지를 구분하는 모델이 있다고 합시다. 이 모델은 사진을 보고 '고양이' 또는 '강아지'라고 답할 것이며, 이 답변의 정확도를 측정하면 모델의 성능을 알 수 있습니다.

하지만 생성형 AI, 특히 언어 모델의 성능을 평가하는 것은 그렇게 간단치 않습니다. 언어 모델은 질문에 따라 때로는 길고 복잡한 문장으로 답변하기 때문에 단순히 정답을 맞히는 정확도로만 평가하기에는 한계가 있습니다. 예를 들어 언어 모델에 다음과 같은 질문을 했다고 합시다.

> 오늘 서울의 날씨는 어떤가요?

이 질문의 경우 명확한 정답이 존재하지 않습니다. 좋은 언어 모델일수록 현재 날씨를 적절히 설명할 것이고, 만약 관련 정보가 없다면 "정확한 날씨 정보를 가지고 있지 않지만 보통 이맘때 서울 날씨는 따뜻합니다"와 같이 답변할 것입니다.

언어 모델의 답변에 대해서는 정확성뿐만 아니라 자연스러움, 유용성, 신뢰성, 창의성 등을 종합적으로 고려해 평가합니다. 따라서 단순히 '맞다', '틀리다'가 아니라 복합적이고 세부적인 평가 기준에 따라 판단할 필요가 있습니다.

3.8.2 벤치마크를 이용한 평가

언어 모델의 성능을 객관적으로 평가하기 위해 AI 연구자들은 **벤치마크**(benchmark)라는 개념을 도입했습니다. 이는 언어 모델의 성능을 명확하게 비교할 수 있도록 다양한 문제를 출제하는 것으로, 이렇게 미리 정리해놓은 평가용 데이터를 **벤치마크 데이터세트**(benchmark dataset)라고 합니다.

벤치마크는 수능 시험과 같습니다. 수능이 학생들의 학력을 객관적으로 비교하고 평가하는 표준화된 시험인 것처럼, 다양한 언어 모델의 성능을 공정하고 명확하게 비교하기 위해 공통의 벤치마크가 필요합니다. 이러한 벤치마크를 활용하면 여러 회사와 연구소에서 개발한 언어 모델의 성능을 객관적으로 평가하고 비교할 수 있습니다. '이 모델은 성능이 뛰어나다'라는 단순한 평가 대신 '이 모델은 이러이러한 벤치마크에서 몇 점을 달성했다'와 같이 구체적인 수치를 근거로 모델의 성능을 증명할 수 있습니다.

언어 모델의 성능을 평가하는 데 사용되는 대표적인 벤치마크 데이터세트로 MMLU, ARC, 헬라스웨그, GSM8k 등이 있습니다.

MMLU

MMLU(Massive Multitask Language Understanding)는 역사, 과학, 수학, 의학, 법학, 심리학, 경제학 등 총 57개 분야의 문제로 언어 모델이 해당 분야의 지식을 얼마나 잘 이해하고 있는지 평가합니다. 분야별 문제는 다음과 같이 객관식으로 출제됩니다. 이러한 문제를 통해 언어 모델이 단순히 말을 잘하는 것을 넘어 폭넓은 지식과 일반적인 이해 능력을 얼마나 갖추고 있는지 평가합니다.

> 다음 중에서 뉴턴의 세 가지 운동 법칙에 속하지 않는 것은?
> (A) 관성의 법칙
> (B) 작용과 반작용의 법칙
> (C) 공급과 수요의 법칙
> (D) 가속도의 법칙

MMLU는 언어 모델의 성능을 평가하는 대표적인 데이터세트로, 여기서 높은 점수를 얻으면 뛰어난 모델임을 입증받았다고 볼 수 있습니다. 그래서 오픈AI의 GPT 모델을 포함한 다양한 언어 모델은 MMLU 데이터세트로 성능을 평가받고 있습니다.

하지만 MMLU는 지식을 평가하는 시험에 가깝기 때문에 지식 외 항목을 평가할 때는 ARC, 헬라스웨그, GSM8k 등의 데이터세트를 이용합니다.

ARC

ARC(Abstraction and Reasoning Corpus)는 추상적 사고 및 추론 능력을 평가하기 위해 만들어진 데이터세트입니다. 단순한 지식을 묻는 문제가 아니라 논리적·추상적 사고를 요구하는 문제로 구성돼 있습니다. 다음과 같은 문제를 통해 AI가 얼마나 창의적으로 문제를 해결할 수 있는지 평가합니다.

> 어떤 집단의 학생들이 총 5개의 과자를 똑같이 나눠 가졌다. 한 학생당 1개씩 가져갔다면 이 집단은 몇 명으로 이뤄졌을까?

이 문제는 단순히 암기한 지식으로는 풀기 어렵고 논리적으로 접근해 답을 구해야 하므로 AI의 추론 능력을 평가하는 데 효과적입니다.

- 과자의 총수 = 5개
- 한 학생이 가져가는 과자의 수 = 1개
- 학생의 수 = 과자의 수 ÷ 학생당 과자의 수
- 학생의 수 = 5 ÷ 1 = 5명

헬라스웨그

헬라스웨그(HellaSwag)는 AI가 실제 상황의 맥락을 얼마나 잘 이해하는지 평가하기 위한 데이터세트입니다. 다음과 같이 어떤 상황을 설명하는 문장이 주어지면 AI는 자연스럽게 이어지는 행동이나 상황을 예측해야 합니다.

> 민수가 축구공을 높이 찼고, 공이 창문을 향해 날아가고 있다. 다음 상황으로 가장 가능성이 높은 것은?
> (A) 공이 창문을 깨뜨린다.
> (B) 공이 갑자기 멈춘다.
> (C) 공이 풍선처럼 터진다.

MMLU와 ARC의 문제를 풀 때와 달리 이 경우에는 상황을 이해하는 능력이 필요하며, 답변을 통해 AI가 현실적인 맥락을 잘 이해하고 예측하는지 파악할 수 있습니다.

GSM8k

GSM8k(Grade School Math 8k)는 AI의 수학적 추론 능력을 평가하는 데 사용되는 데이터세트입니다. 초등학교 수준의 수학 문제 8,000개로 구성돼 있으며, 복잡한 수학적 계산과 논리적 사고를 요구합니다.

> 소희가 사과 5개를 가지고 있었는데, 민준이가 소희에게 사과 3개를 더 주었다. 소희가 가지고 있는 사과는 몇 개일까?

GSM8k는 ARC 데이터세트보다 훨씬 더 복잡한 수학 문제를 포함하고 있습니다. 그래서 단계별 추론으로 문제를 해결하는 AI의 능력을 평가하기에 좋습니다.

3.8.3 GAIA 벤치마크를 이용한 평가

앞서 소개한 네 가지 외에도 다양한 벤치마크 데이터세트가 있으며, 계속 새로운 벤치마크 데이터세트가 등장하고 있습니다. 최신 언어 모델이 이러한 벤치마크에서 90점을 넘겨 기존 벤치마크로는 성능을 구분하기가 어려워졌기 때문입니다. 이러한 흐름 속에서 더욱 복잡하고 현실적인 문제를 다루는 벤치마크가 등장했습니다.

GAIA 벤치마크(General AI Assistant benchmark)는 기존 벤치마크와는 완전히 다른 접근 방식입니다. 이전의 벤치마크는 점점 더 어렵고 복잡한 문제를 추가하는 방식으로 난이도를 높였으나, GAIA 벤치마크는 인간이라면 직관적으로 이해할 수 있는 간단한 문제라도 AI에게는 매우 어렵고 복잡한 작업을 요구하는 문제로 이뤄져 있습니다.

GAIA 데이터세트의 특징

GAIA 벤치마크를 구성하는 평가용 데이터의 모음을 **GAIA 데이터세트**(GAIA dataset)라고 합니다. 이는 실세계에서 일어날 법한 상황을 기반으로 한 문제로 구성됐으며, 문제를 푸는 데 요구되는 주요 능력은 다음과 같습니다.

- 멀티모달리티(multi-modality) 처리 능력
- 복잡한 추론(multi-step reasoning) 능력
- 웹 브라우징(web browsing) 능력
- 도구(tool) 활용 능력

GAIA 데이터세트의 문제는 레벨 1, 레벨 2, 레벨 3으로 구분되며, 언어 모델은 레벨 1, 2, 3의 문제를 모두 풀고 평가를 받습니다. 예를 들어 다음 문제는 간단해 보이지만 복잡한 일련의 과정을 거쳐야 풀 수 있습니다.

레벨 1: 수치 정보 찾기

미국 국립보건원(NIH) 웹 사이트에서 2018년 1월부터 5월까지 실시한 여드름 환자의 헬리코박터 파이로리 임상 시험에 실제로 등록한 환자가 몇 명인지 답하세요.

정답: 90명

이 문제의 경우 미국 국립보건원 웹 사이트를 검색해 올바른 페이지를 찾아 들어가고, 주어진 기간을 정확히 식별해 등록 환자 수를 찾아야 합니다.

또한 다음 문제를 풀려면 이미지를 분석해 수치 정보를 찾고 수학적 계산을 거쳐야 정확한 결과를 얻을 수 있습니다.

레벨 2: 멀티모달 처리와 수학적 계산

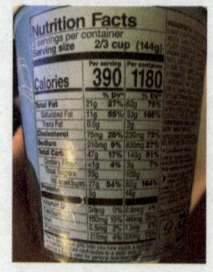

이 아이스크림 용기를 보고 아이스크림에 포함된 버터 지방 함량이 위키피디아에 보고된 2020년 미국 연방 기준 버터 지방 함량에 비해 몇 퍼센트 높은지 혹은 낮은지 계산하고 소수점 첫째 자리까지 반올림해 답하세요.

정답: +4.6%

다음 문제 역시 매우 복잡한 과정을 거쳐야 결론을 도출할 수 있습니다. 즉 특정 이미지를 검색해 분석하고, 추가 정보를 찾기 위해 웹을 탐색하며, 관련 데이터를 종합적으로 분석해야 합니다.

레벨 3: 복합적 정보 추론

NASA가 공개한 2006년 1월 21일 '오늘의 천문학 사진'을 보면 우주 비행사가 2명 있는데, 한 사람이 다른 사람보다 훨씬 작아 보입니다. 2023년 8월 기준, 작은 우주 비행사가 소속된 NASA 우주 비행사 그룹의 구성원 가운데 우주에서 가장 짧은 시간을 보낸 사람의 이름과 우주에서 보낸 시간을 분 단위로 반올림해 답하세요.

정답: White, 5,876분

이처럼 GAIA 벤치마크의 문제는 출제 목적에 맞게 구성됐기 때문에 레벨 3의 경우 사람이 풀면 시간이 많이 걸리기는 해도 정답률이 90%에 달합니다. 그러나 GAIA 벤치마크가 처음 나왔을 당시 GPT-4를 비롯한 언어 모델은 모두 한 문제도 맞히지 못했습니다.

GAIA 벤치마크의 특징과 한계

GAIA 벤치마크는 문제의 정답이 명확하기 때문에 평가 과정이 빠르고 간결합니다. 언어 모델이 문제를 해결하기 위해 여러 단계의 복합적인 추론 과정을 거치기는 하지만, 분명한 정답이 있기 때문에 평가 과정을 자동화할 수 있습니다. 이러한 추론 과정 중 한 단계라도 잘못되면 정답 도출이 사실상 불가능합니다.

또한 GAIA 벤치마크는 기존 벤치마크와 달리 **암기 방지**(non-gameability)가 가능합니다. 다시 말해 언어 모델이 기존 데이터에서 정답을 암기하는 방식으로는 문제를 해결할 수 없도록 인터넷이나 학습 데이터에 존재하지 않는 답을 요구하는 질문을 합니다. 따라서 GAIA 벤치마크에서 높은 점수를 얻는다면 뛰어난 추론 능력과 현실 세계의 복잡한 문제를 해결하는 능력을 갖췄음을 확실하게 인정받는 셈입니다.

하지만 한 가지 의문점이 있습니다. 주어진 문제에 대해 정확하게 답변한다고 해서 과연 좋은 언어 모델일까요? 예를 들어 시험 성적이 높은 언어 모델이 "서울의 인구는 몇 명인가?"와 같은 간단한 질문에 정확히 답할 수 있어도 "직장에서 힘든 하루를 보냈는데 어떻게 하면 위로를 받을 수 있을까?"와 같이 감정적이면서 상황에 따라 답변의 기준이 달라지는 질문에도 반드시 좋은 답을 할 것이라고 보장할 수는 없습니다. 즉 사용자가 원하는 좋은 언어 모델은 단순히 정답을 제공하는 것이 아니라 자연스럽게 공감하면서 유용한 답변을 할 수 있어야 합니다.

3.8.4 인간의 선호도를 반영한 평가

이러한 문제 의식에 따라 최근에는 인간의 선호도가 반영된 평가 방식이 각광받고 있습니다. 특히 인간의 평가를 적극적으로 활용한 **챗봇 아레나**(Chatbot Arena)와 같은 방식이 등장해 언어 모델 평가의 또 다른 방향을 제시했습니다.

챗봇 아레나(lmarena.ai)는 다양한 언어 모델의 성능을 인간이 직접 평가해 비교하는 플랫폼이며, 사용자가 두 가지 챗봇이 내놓은 답변을 보고 더 나은 것을 선택할 수 있습니다. 챗봇 아레나에서는 체스나 바둑의 실력을 평가하는 데 사용되는 **엘로 평점 시스템**(Elo rating system)을 활용합니다. 이는 참가자들이 경쟁해 순위가 정해지는 방식으로, 두 챗봇이 경쟁하듯 서로 다른 답변을 제시하면 평가자가 그중에서 더 나은 답변을 한 챗봇에 투표하고 이를 통해 챗봇의 순위를 매깁니다.

그림 3-6은 두 챗봇을 비교해 평가하는 예입니다. 같은 질문에 대해 두 챗봇이 답변을 하고, 사용자는 어느 챗봇의 답변인지 알지 못하는 상태에서 개인적인 선호에 따라 투표를 하며, 이렇게 평가를 마치고 나면 챗봇의 정체가 공개됩니다.

그림 3-6 챗봇 아레나의 챗봇 평가

(a) 두 챗봇의 답변을 보고 선호도 평가

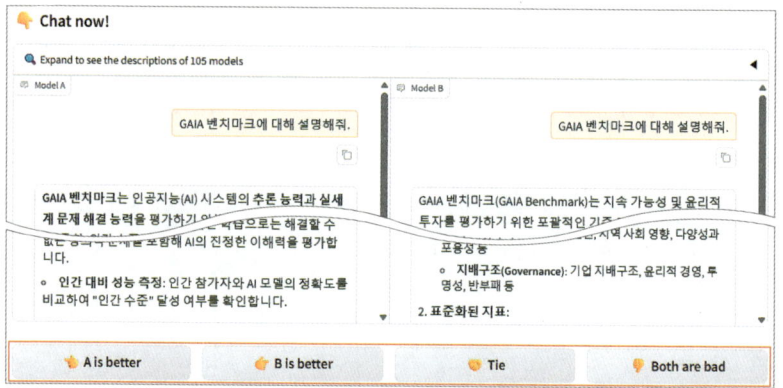

(b) 평가 후 각 모델의 정체 공개

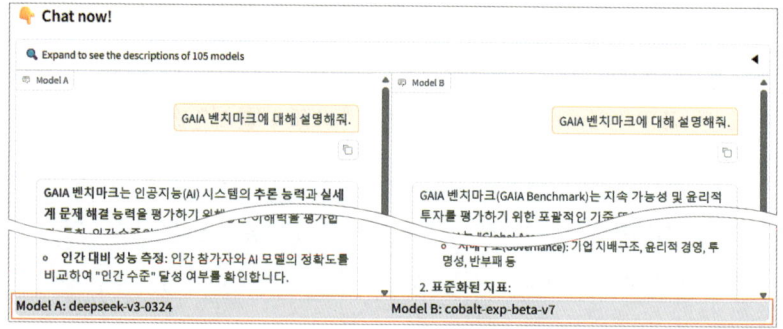

챗봇 아레나는 인간 중심의 평가이므로 실제 사용자의 요구와 기대에 가깝게 AI 모델의 발전 방향을 제시한다고 볼 수 있습니다.

3.8.5 비공개 모델과 오픈 소스 모델

챗봇 아레나는 AI 모델별 순위와 점수를 온라인상에 실시간으로 공개하는 리더보드를 제공합니다. 책을 집필하는 시점(2025년 6월)에 챗봇 아레나의 리더보드는 다음과 같습니다.

표 3-3 챗봇 아레나 리더보드(언어 모델 기준)

순위	모델	점수	출시 회사	라이선스
1	o3-2025-04-16	1441	오픈AI	비공개
2	chatgpt-4o-latest-20250326	1430	오픈AI	비공개
3	gpt-4.5-preview-2025-02-27	1424	오픈AI	비공개
4	gemini-2.5-flash-preview-05-20	1418	구글	비공개
4	claude-opus-4-20250514	1414	앤트로픽	비공개
7	gpt-4.1-2025-04-14	1400	오픈AI	비공개
7	gemini-2.5-flash-preview-04-17	1399	구글	비공개
7	grok-3-preview-02-24	1397	xAI	비공개
7	claude-sonnet-4-20250514	1389	앤트로픽	비공개
10	o4-mini-2025-04-16	1388	오픈AI	비공개
10	o1-2024-12-17	1387	오픈AI	비공개
10	deepseek-v3-0324	1386	딥시크	오픈 소스(MIT)
10	deepseek-r1	1382	딥시크	오픈 소스(MIT)

표 3-3에서 보듯이 이 책에서 소개한 오픈AI의 GPT, 구글의 제미나이, 앤트로픽의 클로드, 일론 머스크가 설립한 xAI의 그록(Grok) 등 글로벌 기업이

개발한 상업용 대형 모델들이 상위권을 거의 차지하고 있습니다. 이러한 모델은 뛰어난 성능을 자랑하지만 대체로 비공개 라이선스를 채택하고 있어 일반 사용자와 개발자가 직접 AI 모델의 구조 또는 내부 학습 방식 등을 수정하거나 자유롭게 활용하기 어렵고, 기업이 제공하는 제품을 그대로 사용할 수밖에 없습니다.

그런데 주목할 만한 모델이 하나 있습니다. 공동 10위를 기록한 딥시크(DeepSeek)가 그것입니다. 이 모델은 중국의 AI 기업인 딥시크가 개발한 것으로, 상위 10위권 내에서 유일하게 오픈 소스인 MIT 라이선스(라이선스 전문과 저작권 고지를 표시하면 누구나 자유롭게 사용 가능)를 채택했습니다. 이러한 오픈 소스의 경우 누구나 모델을 직접 수정하거나 추가로 학습시켜 원하는 형태로 발전시킬 수 있습니다.

라이선스의 차이는 법적 문제에 그치는 것이 아니라 AI 모델의 활용 및 미래 발전 가능성에 큰 영향을 미칩니다. 비공개 모델은 매우 뛰어난 성능과 신뢰성을 제공하지만 특정 기업이 독점적으로 관리하기 때문에 사용자와 개발자가 필요한 목적에 맞게 커스터마이징하거나 추가로 개발하는 데 제한이 많습니다.

반면에 오픈 소스 모델은 누구나 자유롭게 접근해 모델을 수정하거나 자신의 데이터를 추가로 학습시켜 더 다양한 용도로 활용할 수 있습니다. 예컨대 특정 의료 기관이 보유한 의료 데이터를 가지고 딥시크 모델을 재학습시킨다면 환자의 진단이나 치료를 보조하는 의료용 챗봇을 개발할 수 있습니다. 마찬가지로 법률 회사가 자체적인 법률 문서로 AI 모델을 추가로 학습시켜 전문적인 법률 상담 챗봇을 개발하는 것도 가능합니다. 물론 이러한 오픈 소스 모델의 강점을 취하려면 모델을 직접 개인 컴퓨터에 내려받아 정보 유출의 위험 없이 사용할 수 있도록 설정하는 과정이 필요합니다.

그전에는 오픈 소스 모델에 비해 비공개 모델의 성능이 월등히 우수했지만 라마, 딥시크와 같은 오픈 소스 모델도 성능이 많이 향상됐습니다. 앞으로

AI 기술이 어떻게 발전해나갈지 예측하려면 비공개 모델과 오픈 소스 모델의 경쟁을 예의주시해야 할 것입니다.

CHAPTER 4

생성형 AI의 한계와 해결 방법

직접 사용해보며 언어 모델 이해하기

4.1 챗GPT, 제미나이, 클로드, 클로바 X, 라마
4.2 생성형 AI의 한계
4.3 생성형 AI의 한계를 극복하는 방법
4.4 생성형 AI로 보고서, 문자, 이메일 작성하기

프|리|뷰

생성형 AI의 놀라운 능력과 작동 원리를 공부하다 보면 생성형 AI가 창의적인 아이디어를 제안하고 모든 업무를 도와주는 만능 도구 같습니다. 하지만 실제로 사용해보면 기대와 달리 맥락을 제대로 이해하지 못하거나 사실이 아닌 정보를 진짜처럼 말하는 등 당황스러울 때가 있습니다.

이 장에서는 생성형 AI를 직접 사용해보면서 그 가능성과 현실적인 한계를 이해합니다. AI가 완벽하지 않다는 것을 사례를 통해 살펴보고, 어떻게 이를 극복해 업무와 일상에서 활용할 수 있을지 알아봅니다.

4.1 챗GPT, 제미나이, 클로드, 클로바 X, 라마

생성형 AI를 이해하려면 이론적인 내용을 공부하는 것만으로는 부족합니다. 운전을 배우기 위해 자동차의 구조를 공부하는 것보다 직접 운전대를 잡고 운전해보는 것이 효과적인 것처럼 생성형 AI도 직접 써봐야 제대로 이해할 수 있습니다. 이 절에서는 대표적인 생성형 AI 서비스인 챗GPT, 제미나이, 클로드, 클로바 X, 라마의 사용법을 알아보겠습니다.

4.1.1 챗GPT

챗GPT는 마이크로소프트가 투자하고 있는 미국의 AI 기업 오픈AI가 개발한 생성형 AI 서비스로, 인터넷의 방대한 데이터를 학습한 대형 언어 모델 기반 챗봇입니다. 출시된 지 2개월 만에 전 세계적으로 사용자 1억 명을 돌파한 챗GPT는 기본적인 채팅 기능뿐만 아니라 미리 만들어놓은 맞춤형 GPT를 찾아 쓰는 GPT 스토어(GPT Store), 길고 복잡한 문서나 주제를 깊이 분석하고 요약하는 심층 리서치(deep research) 등의 기능을 제공합니다.

챗GPT 사이트(chat.openai.com)에 접속하면 **그림 4-1**과 같이 별도의 로그인 없이 바로 채팅창을 통해 질문하고 답변을 받을 수 있습니다. 그러나 이렇게 하면 기존 대화를 저장할 수 없기 때문에 [회원 가입] 버튼을 클릭해 회원 가입을 한 후 사용하는 것이 좋습니다. 챗GPT의 경우 구글, 마이크로소프트,

애플 계정과 연동해 손쉽게 회원 가입을 할 수 있습니다.

그림 4-1 **챗GPT의 기본 화면**

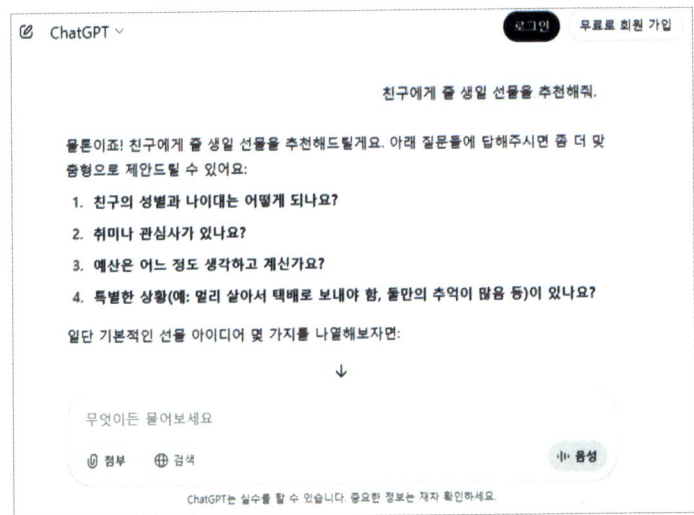

회원 가입을 한 후 로그인을 하면 사이드바가 왼쪽에, 채팅 화면이 오른쪽에 나타납니다. 이 화면 구성은 수시로 바뀔 수 있으나 기본적인 사용법은 비슷합니다.

그림 4-2 **챗GPT의 화면 구성**

❶ **사이드바 열기/닫기:** 사이드바를 열고 닫아 이전 대화 목록을 확인할 수 있습니다.

❷ **새 채팅:** 기존 채팅창을 나와 새 채팅창을 엽니다. 챗GPT는 채팅창별로 대화 내용을 기억하기 때문에 새로운 주제로 대화하려면 새 채팅창을 만들어 대화하는 것이 좋습니다.

❸ **채팅 검색:** 대화 목록에서 찾고 싶은 내용을 검색할 수 있습니다.

❹ **라이브러리:** 사용자가 만든 파일, 코드, 이미지, 메모 등을 중앙에서 관리할 수 있는 공간입니다.

❺ **Codex:** 개발 작업을 위한 전용 페이지로 이동하며, 프로그래밍 관련 도구나 프로젝트를 관리할 수 있는 기능을 제공합니다.

❻ **Sora:** 동영상 생성 전용 페이지로 이동하며, 텍스트를 기반으로 짧은 동영상을 생성하는 기능을 제공합니다.

❼ **GPT(GPT 스토어로 이동):** 미리 만들어놓은 맞춤형 GPT를 검색하고 사용할 수 있습니다. 맞춤형 GPT는 우리나라 노동법에 특화된 GPT, 문장 교정·교열에 특화된 GPT와 같이 기본 GPT를 특정 분야에 맞게 만든 것으로, RAG(Retrieval Augmented Generation, 검색 증강 생성) 기술을 이용해 기본 GPT보다 정확한 정보를 제공합니다.

❽ **대화 목록:** 사용자가 이전에 나눴던 대화를 목록으로 보여줍니다.

❾ **플랜 보기:** 현재 사용 중인 요금제(플랜)를 확인하고, 필요에 따라 업그레이드하거나 변경할 수 있습니다.

❿ **모델 변경:** 목록을 펼쳐 다양한 버전의 GPT 모델을 선택할 수 있습니다. 무료 버전의 경우 모델 변경이 불가능하고 유료 버전으로 업그레이드해야 원하는 모델을 사용할 수 있습니다.

그림 4-3 GPT 모델 변경

⓫ **개인 설정:** 플랜 업그레이드, 테마 변경, 채팅 관리를 할 수 있고, GPT에게 자신의 정보를 제공해 자신에게 맞는 답변을 하도록 설정할 수도 있습니다.

⓬ **사진과 파일 추가:** 채팅을 할 때 텍스트뿐만 아니라 이미지, 문서 등의 파일을 업로드하고 관련 질문을 할 수 있습니다.

그림 4-4 파일을 추가한 대화의 예

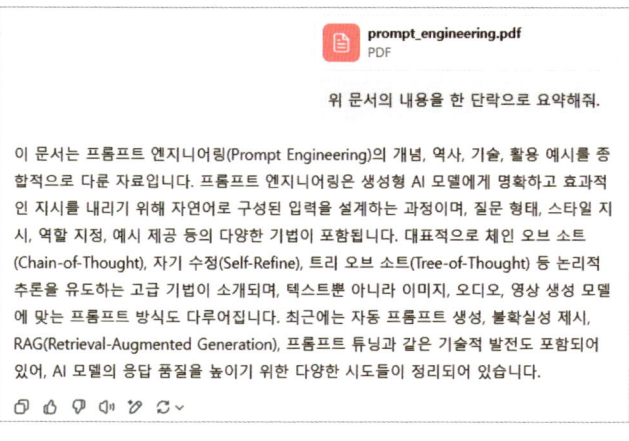

⑬ **도구:** 채팅창에서 이미지 그리기, 웹에서 검색하기, 글쓰기 또는 코딩, 심층 리서치 실행 등의 기능을 이용할 수 있습니다.

⑭ **음성 입력:** 키보드 대신 말로 질문이나 지시 사항을 입력할 수 있습니다. 마이크에 대고 말하면 그 내용이 텍스트로 변환돼 채팅창에 입력됩니다.

⑮ **음성 모드 사용:** 말로 질문하고 답변도 말로 듣는 기능입니다. 챗GPT를 대화형 AI 스피커처럼 쓸 수 있는 인터페이스로, 더 자연스럽고 편리한 상호작용을 제공합니다.

4.1.2 제미나이

제미나이(Gemini)는 구글이 챗GPT에 대응해 출시한 생성형 AI 서비스로, 트랜스포머를 기반으로 구글 자체 데이터와 기술로 학습된 AI 모델을 사용합니다. 챗GPT가 텍스트 중심의 강력한 추론 능력을 발휘한다면, 제미나이는 텍스트와 이미지를 함께 처리하는 멀티모달 환경에 최적화돼 있습니다.

그림 4-5 제미나이의 실행 화면

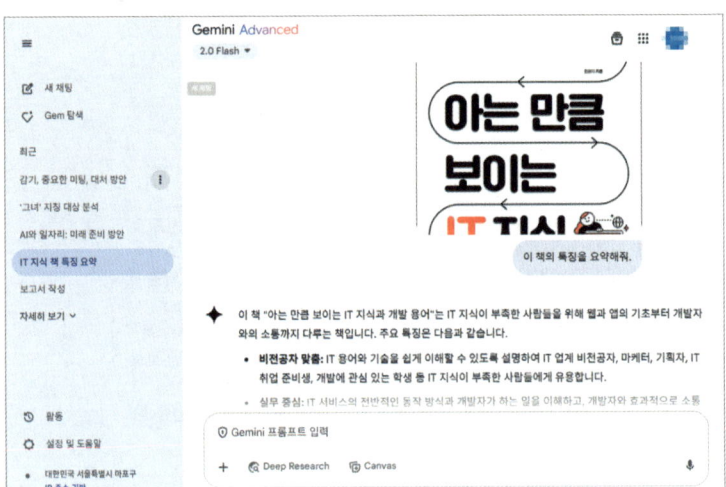

구글 계정이 있으면 누구나 제미나이 사이트(gemini.google.com)에서 무료로 사용할 수 있습니다. 챗GPT와 마찬가지로 질문을 입력하거나 이미지를 업로드한 다음 원하는 내용을 입력하면 답변해줍니다.

4.1.3 클로드

클로드(Claude)는 미국의 앤트로픽이 개발한 생성형 AI 서비스입니다. 챗GPT와 비슷한 방식으로 작동하지만 긴 문장이나 긴 문서를 처리하는 데 특히 뛰어나며, 윤리적으로 민감한 문제에 더 세심한 답변을 제공합니다. 코드 작성, 기술 문서 분석과 같은 복잡한 작업의 경우 챗GPT보다 더 정확하고 유용한 답변을 제공하는 것으로 평가받고 있습니다.

클로드 사이트(claude.ai)에서 회원 가입을 하면 사용할 수 있으며, 무료 버전과 유료 버전에서 사용 가능한 모델과 사용량이 구분돼 있습니다. 챗GPT나 제미나이처럼 챗봇에 질문을 입력하는 방식으로 사용할 수 있습니다.

그림 4-6 클로드의 실행 화면

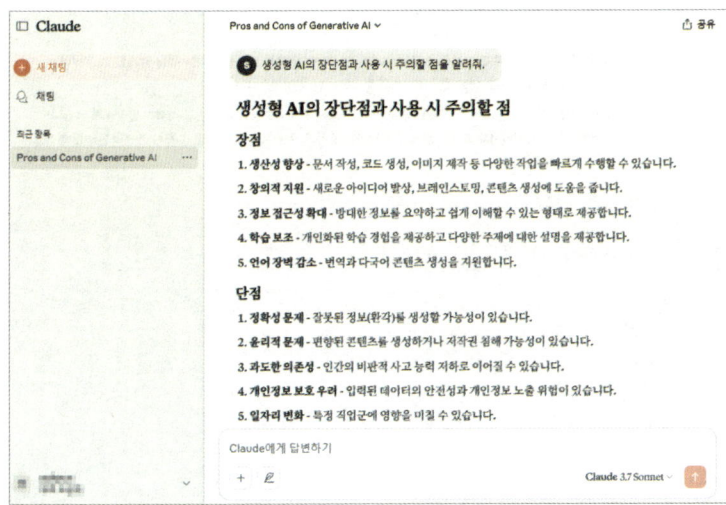

4.1.4 클로바 X

한국어에 특화된 **클로바 X**(CLOVA X)는 네이버가 개발한 생성형 AI 서비스로, 한국어 이해 능력이 뛰어나 국내 사용자에게 인기가 많습니다. 우리나라 문화와 맥락에 맞는 실용적이고 자연스러운 답변 능력을 갖추고 있어 국내 환경에 최적화된 법률, 금융, 생활 정보 등을 제공합니다.

클로바 X 사이트(clova-x.naver.com)에서 회원 가입을 한 후 사용할 수 있으며, 네이버 계정이 있다면 바로 이용 가능합니다. 다른 생성형 AI 서비스와 마찬가지로 채팅창에 질문을 입력하는 방식으로 대화하며, 한국어로 보다 정확한 맥락의 정보를 얻을 때 유용합니다.

그림 4-7 클로바 X의 실행 화면

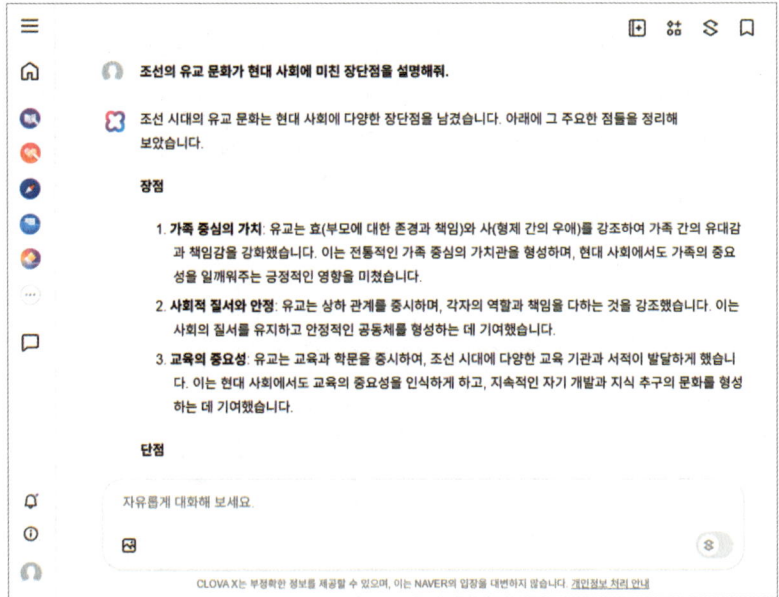

4.1.5 라마

라마(LLaMA)는 메타가 개발한 대형 언어 모델로, 연구 및 개발 목적을 위해 오픈 소스로 공개됐습니다. 상대적으로 가벼운 모델임에도 성능이 뛰어나 개인이나 중소 기업이 비교적 쉽게 이용할 수 있습니다. 오픈 소스 커뮤니티에서 활발히 사용돼 많은 연구자가 라마를 기반으로 새로운 기술과 응용 서비스를 개발하고 있습니다.

라마는 오픈 소스 모델이므로 사이트(llama.com/llama-downloads)에서 직접 내려받아 사용할 수 있습니다. 또한 이어서 소개할 허깅페이스에서는 다운로드하지 않고도 바로 체험해볼 수 있습니다.

4.1.6 언어 모델 공개 플랫폼, 허깅페이스

허깅페이스(Hugging Face)는 전 세계의 AI 연구자들이 모여 최신 AI 모델과 연구 결과를 공유하는 공간입니다.

그림 4-8 허깅페이스 사이트

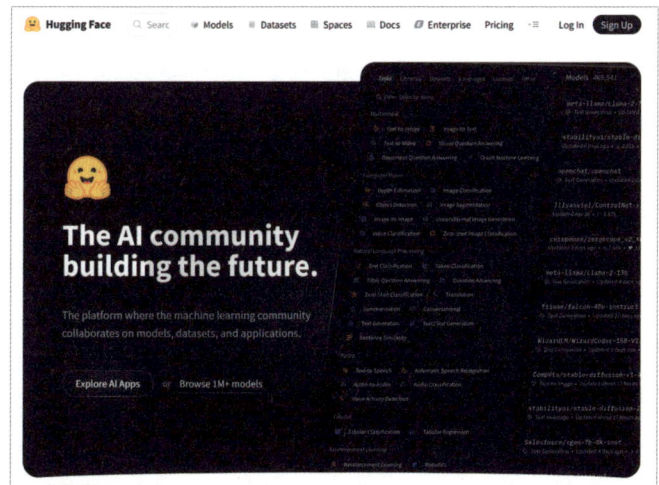

허깅페이스는 다양한 최신 AI 모델을 누구나 쉽게 웹 브라우저를 통해 무료로 사용할 수 있는 서비스인 허깅페이스 스페이스를 제공합니다. 허깅페이스 스페이스(huggingface.co/spaces)에 접속하면 라마, 미스트랄(Mistral), 팔콘(Falcon), GPT-J, GPT-Neo 등 다양한 오픈 소스 모델을 별도의 설치나 환경 설정 없이 바로 체험할 수 있습니다. 간단히 회원 가입을 한 뒤 다음과 같이 검색창에서 원하는 AI 모델을 검색해 사용하면 됩니다.

그림 4-9 허깅페이스 스페이스에서의 라마 검색

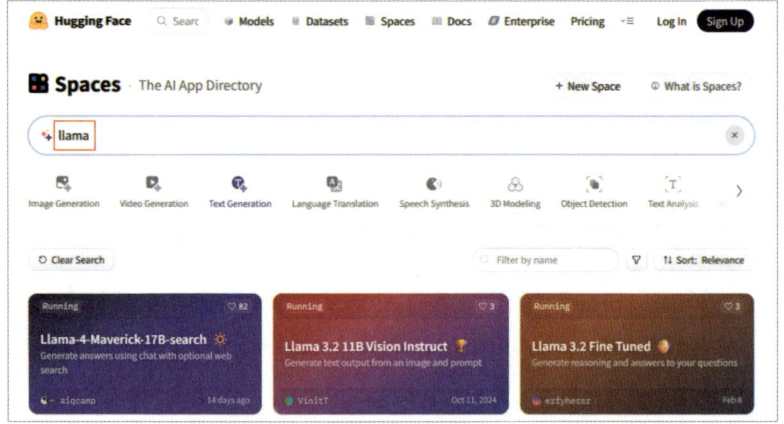

허깅페이스 스페이스는 최신 모델을 간편하게 비교하거나 성능을 테스트하는 데 유용합니다. 다만 대부분이 데모 버전이므로 대화 기록 저장, 파일 업로드와 같은 고급 기능을 제공하지 않는 경우가 많습니다. 따라서 간단히 테스트하거나 모델을 비교하는 목적으로 활용하기에 좋습니다.

허깅페이스 스페이스에서는 언어 모델뿐만 아니라 최근 큰 인기를 끌고 있는 스테이블 디퓨전, 달리와 같은 이미지 생성 모델 그리고 위스퍼(Whisper), 바크(Bark)와 같은 음성 인식 및 음성 합성 모델도 제공합니다. 이러한 멀티모달 기술을 별도로 설치하거나 복잡한 설정을 거치지 않고도 웹 브라우저에서 바로 실행할 수 있어 AI 기술의 최신 흐름을 확인하고 활용하는 데 적합합니다.

그림 4-10 허깅페이스 스페이스에서 스테이블 디퓨전으로 생성한 이미지

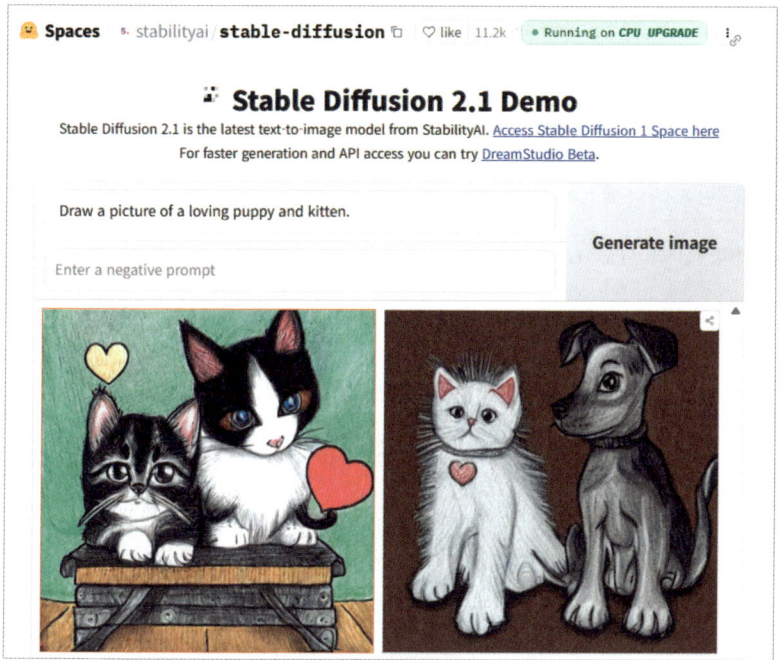

4.1.7 생성형 AI 서비스 사용해보기

다양한 생성형 AI 서비스는 저마다의 특성을 지니고 있어 같은 질문에 각기 다른 답변을 하는데, 그 차이를 확인해보면 흥미롭습니다.

실습 목적

여러 가지 생성형 AI 서비스에 같은 질문을 입력하고 각각의 AI가 어떻게 답변하는지 살펴봅니다.

실습 준비

다음 생성형 AI 서비스 중 최소 2개 이상을 선택합니다.

- **챗GPT:** chatgpt.com
- **제미나이:** gemini.google.com
- **클로드:** claude.ai
- **클로바 X:** clova-x.naver.com
- **라마:** huggingface.co/spaces (허깅페이스 스페이스에서 무료 체험 가능)

실습 단계

각 AI에 다음과 같은 질문을 던지고 답변을 받습니다.

> **질문 1**
>
> AI가 미래에 사람의 일자리를 빼앗을 것이라는 걱정이 있는데, 정말 그런 일이 생길까?
>
> **질문 2**
>
> 내일 중요한 면접이 있는데, 긴장을 풀 수 있는 효과적인 방법을 알려줘.
>
> **질문 3**
>
> 사람들 사이에서 유행할 수 있는 재미있는 신조어를 만들어줘.

확인 및 분석

각 AI가 제시한 답변의 톤과 내용의 깊이가 어떻게 다른지, 현실적으로 유용한 조언인지 살펴보고, 이를 토대로 각 AI의 장단점을 생각해봅니다.

4.2 생성형 AI의 한계

오늘날 생성형 AI는 우리의 일상생활과 업무를 돕고 있지만 한계도 분명히 존재하는데, 대표적으로 맥락 이해 부족 문제, 데이터 편향성 문제, 환각 현상, 일관성 부족 문제, 윤리적 문제 등을 꼽을 수 있습니다. 이 절에서는 생성형 AI의 이러한 한계를 이해하고, 생성형 AI를 현명하게 활용할 수 있는 방법을 알아봅시다.

4.2.1 맥락 이해 부족 문제

맥락은 사회·문화적 관점과 언어적 관점에서 해석할 수 있는데, 먼저 사회·문화적 관점에서 살펴보겠습니다. 생성형 AI와 대화하는 것은 한국어를 잘하는 외국인과 대화하는 것과 비슷합니다. 즉 문법적으로 완벽한 문장을 구사할 수 있더라도 그 속에 담긴 사회·문화적 맥락이나 뉘앙스를 이해하지 못하는 경우가 많습니다. 예를 들어 다음 질문과 답변을 봅시다.

> **사용자**
> 내일 중요한 미팅이 있는데 지독한 감기에 걸렸어. 어떻게 하면 좋을까?
>
> **AI**
> 충분한 휴식을 취하고, 따뜻한 차를 마시며, 해열제를 복용하세요. 가능하다면 미팅을 연기하는 것이 좋습니다.

AI의 답변은 논리적으로는 맞지만, 우리나라의 직장 문화에서 단순히 감기 때문에 미팅을 연기하기가 쉽지 않다는 것을 이해하지 못한 답변입니다. 사람이라면 "상대에게 사정을 말하고 양해를 구하는 것이 좋겠네요"와 같은 현실적인 조언을 해줄 것입니다.

또한 생성형 AI는 어떤 문화에서 사용하는 격언, 농담 등을 이해하는 데 한계가 있습니다. 예를 들어 '누워서 떡 먹기'라는 속담이 무슨 의미인지 AI에게 물어보면 수월하게 할 수 있는 일을 가리킨다고 사전적인 의미를 설명하지만, 한국인이 이 표현을 사용할 때의 뉘앙스나 상황적 적절성을 제대로 알지 못합니다. 즉 생성형 AI는 이 속담이 때로는 농담처럼, 때로는 비꼬는 의도로 사용된다는 사회·문화적 맥락을 완벽하게 이해하기 어렵습니다.

게다가 언어적 맥락을 파악하지 못하는 문제도 있습니다. 대표적으로 대명사를 정확히 파악하지 못하는 경우를 들 수 있습니다. 예를 들어 "김 대표는 이 부장에게 최 사원의 프로젝트 보고서를 검토해달라고 요청했다. 그는 다음 주까지 완료해야 한다고 강조했다"라는 문장에서 '그'가 누군지 물어보면 사람은 언어적 맥락과 문화적 배경을 고려해 김 대표를 가리킨다고 답변할 것입니다. 그러나 AI는 맥락을 제대로 이해하지 못하고 이 부장이나 최 사원이라고 답변할 수도 있습니다.

맥락 이해 부족 문제 대처 팁

맥락을 이해하지 못하는 AI의 한계를 인지하고 효과적으로 소통하는 몇 가지 방법이 있습니다.

첫째, 사회·문화적 뉘앙스를 완벽하게 이해하지 못하는 AI에게 사용자가 직접 맥락을 제공합니다. 예를 들어 "내일 중요한 미팅이 있는데 지독한 감기에 걸렸어. 어떻게 하면 좋을까?"라고 질문하는 대신 구체적인 상황과 문화적 배경을 알려주며 질문합니다. 그러면 AI는 맥락에 맞는 현실적인 조언을 제공할 것입니다.

> **사용자**
>
> 내일 중요한 미팅이 있는데 지독한 감기에 걸렸어. 나는 직급이 대리인데, 한국 직장 문화에서는 대리가 미팅을 연기하자는 말을 꺼내기가 어려워. 이 상황에서 어떻게 하는 게 좋을까?
>
> **AI**
>
> 감기에 걸린 상태에서 중요한 미팅을 앞두고 있다면 정말 고민스러운 상황이죠. 특히 아직 대리 직급이라면 한국 직장 문화 특성상 미팅을 연기하자고 말하기가 조심스러울 수밖에 없어요. 이럴 때는 정면 돌파와 배려의 균형을 잡는 것이 중요합니다. 몇 가지 현실적인 대응 방안을 제안할게요.
>
> (중략)

둘째, 질문에 포함된 대명사를 분명하게 밝히는 것이 좋습니다. 예를 들어 "김 대표는 이 부장에게 최 사원의 프로젝트 보고서를 검토해달라고 요청했다. 그는 다음 주까지 완료해야 한다고 강조했다"라는 문장의 경우 대명사가 가리키는 대상을 명확히 밝혀 "김 대표는 이 부장에게 최 사원의 프로젝트 보고서를 검토해달라고 요청했다. 김 대표는 다음 주까지 완료해야 한다고 강조했다"라고 작성하면 됩니다.

AI와 소통할 때 구체적인 정보를 제공하는 것은 헤어 디자이너에게 원하는 헤어 스타일 사진을 보여주는 것과 비슷합니다. 고객이 하고 싶은 헤어 스타일을 말로만 설명하면 헤어 디자이너는 이를 완벽하게 파악하기 어렵습니다. 하지만 사진을 보여주면 고객이 원하는 바를 정확히 이해하고 구현할 수 있습니다. 생성형 AI도 마찬가지로 구체적인 정보가 주어지면 더 적절하고 정확한 답변을 제공합니다.

만약 생성형 AI가 맥락을 이해하지 못한 채 답변하면 명확하게 질문을 다시 하거나, 맥락을 보완하는 추가 설명을 덧붙입니다. 그러면 AI와 더 효과적이고 유익한 대화를 할 수 있습니다.

4.2.2 데이터 편향성 문제

생성형 AI는 인터넷상의 방대한 데이터로 학습하는 과정에서 데이터에 내재된 편향성을 그대로 받아들이기도 합니다. 예를 들어 어떤 기업이 입사 지원자의 자기소개서를 평가하는 AI 시스템을 도입했다고 합시다. 이 AI는 과거의 채용 데이터로 학습했기 때문에 특정 성별이나 연령대가 많은 직무에 대해 무의식적인 편향을 가질 수 있습니다. 즉 과거의 개발자 직군에 남성이 많았다면 AI는 개발자 채용 시 남성 지원자의 자기소개서를 더 높게 평가하는 경향을 나타낼 수 있습니다.

이러한 데이터 편향성 문제를 해결하기 위해 AI 연구자들은 다양한 교정 노력을 기울이고 있지만 예상치 못한 결과를 낳기도 합니다. 예컨대 문화적 편향성을 줄이기 위한 안전장치를 과도하게 적용하면 AI가 특정 국가나 문화권에 대한 기본적인 질문에도 "그에 대해 논의하는 것은 적절하지 않습니다"라는 회피적 답변을 할 수도 있습니다. 그러면 사용자는 다양한 문화에 대한 정보나 조언을 얻는 데 어려움을 겪게 되는데, 이는 문화적 이해와 다양성을 증진하려는 원래 목적에 역행하는 결과입니다.

이처럼 과도한 교정은 AI가 내놓는 답변의 정확성을 저해할 수 있으므로 편향성을 바로잡을 때는 균형이 중요합니다. 따라서 AI 연구자는 데이터 편향성을 줄이는 동시에 정보의 정확성과 맥락의 적절성을 유지하는 섬세한 균형을 찾아야 합니다.

데이터 편향성 문제 대처 팁

AI 연구자뿐만 아니라 사용자도 데이터 편향성 문제를 인지하고 대처해야 합니다. 그렇다면 데이터 편향성 문제를 효과적으로 관리할 수 있는 접근 방식은 무엇일까요?

첫째, AI에게 동일한 질문을 다양한 형태로 반복해 질문하는 것이 좋습니다.

질문을 약간 변형해 여러 번 반복하면 AI가 내놓는 답변의 편향성이나 일관성을 확인할 수 있습니다. 예를 들어 성별을 특정하지 않고 어떤 직업에 대해 질문했다가 성별을 명시적으로 바꿔 다시 질문하면 AI가 어떤 편향을 보이는지 파악할 수 있습니다.

둘째, 생성된 답변을 곧바로 활용하지 않고 실제 상황에서 논란의 여지가 없는지 신중히 검토합니다. 예를 들어 기업의 마케팅 캠페인에 쓸 슬로건을 AI의 도움을 받아 만들었다고 합시다. AI가 제시한 슬로건에는 과거의 데이터나 특정 사회적 통념에 근거한 편향이 포함됐을 수 있습니다. 따라서 기업은 그 슬로건이 특정 집단, 성별, 문화적 배경에 불편감을 주지는 않을지, 실제로 사용했을 때 논란을 불러일으키지는 않을지 꼼꼼히 따져봐야 합니다.

4.2.3 환각 현상

환각 현상은 생성형 AI가 실재하지 않는 정보를 마치 사실인 것처럼 말하는 것입니다. 예를 들어 다음 대화에서 AI의 답변은 완전히 잘못된 정보입니다.

> **사용자**
>
> 2010년 월드컵의 한국과 브라질 경기 결과를 알려줘.
>
> **AI**
>
> 2010년 남아공 월드컵 16강 전에서 한국은 브라질과 접전 끝에 2:3으로 패배했습니다. 박지성이 후반 35분에 멋진 중거리 슈팅으로 골을 넣었지만 승부를 뒤집지는 못했습니다.

2010년 월드컵에서 한국과 브라질이 맞붙은 적이 없는데, AI는 실제 있었던 일처럼 상세한 설명을 덧붙여 그럴듯하게 답변했습니다. 이러한 환각 현상은 단순한 기술적 결함을 넘어 심각한 사회적 문제를 일으킬 수 있습니다.

AI가 제공하는 정보는 상당히 설득력 있게 전달되기 때문에 사용자가 의심 없이 받아들이곤 합니다. 전문적인 영역 또는 쉽게 검증하기 어려운 내용일수록 더욱 그렇습니다. 예를 들어 환자가 환각 현상에 따른 잘못된 의학적 조언을 믿고 자가 치료를 한다면 큰 문제가 발생할 수도 있습니다. 특정 약물의 부작용 또는 특정 질병의 증상에 대해 질문했을 때 AI가 실존하지 않는 연구 결과나 의학적 지침을 인용한다면 돌이킬 수 없는 위험을 초래할지도 모릅니다.

환각 현상은 법률, 금융 등의 분야에서도 심각한 결과로 이어질 수 있습니다. 예컨대 AI가 존재하지 않는 법률 조항이나 판례를 인용하면서 법적 조언을 하거나, 허구의 투자 전략을 실제 금융 전문가의 견해인 것처럼 제시한다면 사용자는 법적 곤경에 처하거나 경제적 손실을 입을 수도 있습니다.

환각 현상은 단순히 정확도의 문제에서 그치는 것이 아니라 정보 생태계 전반의 건전성과 사회적 신뢰를 무너뜨리는 요인이 되기도 합니다. 이에 AI 연구자들은 이러한 환각 현상을 줄이기 위해 기술 개선을 거듭하고 있습니다. 이와 더불어 사용자는 AI가 제공하는 정보를 비판적으로 평가하고 검증하는 습관을 길러야 합니다.

환각 현상 대처 팁

환각 현상에 제대로 대처하지 못하면 사용자의 건강, 경제적 손실, 법적 피해 등 심각한 사회적 문제를 초래할 수 있습니다. AI 연구자들이 이를 보완하기 위해 노력하고 있지만 완전히 해결하기까지는 시간이 걸릴 것으로 보입니다. 그렇다면 사용자는 환각 현상에 어떻게 대처해야 할까요?

첫째, AI가 제시하는 답변을 그대로 믿지 말고, 중요한 정보일수록 신뢰할 수 있는 출처를 통해 반드시 교차 검증을 합니다. 일부 AI 서비스는 정보의 출처를 함께 제공하므로 해당 출처를 확인하거나 인터넷 검색을 통해 사실 여부를 다시 검증합니다.

둘째, 최대한 구체적이고 명확하게 질문을 작성해 AI가 환각 현상을 일으킬 가능성을 최소화합니다. 모호하거나 일반적인 질문의 경우 AI는 내용상 공백을 임의의 정보로 채우려는 경향이 있습니다. 이럴 때 환각 현상이 나타날 여지가 커지므로 질문할 때는 연도, 장소, 상황 등을 구체적으로 명시해야 합니다. 예를 들어 "지난 월드컵 결과를 알려줘"라고 질문하는 대신 "2022년 카타르 월드컵의 한국 대 포르투갈 경기 결과를 알려줘"와 같이 질문하면 AI가 정확한 답변을 할 가능성이 높아지고 환각 현상이 줄어들 것입니다.

4.2.4 일관성 부족 문제

생성형 AI는 답변을 할 때마다 새로운 답변을 생성합니다. 그래서 같은 질문이라도 상황에 따라 다른 답변을 내놓는 경우가 있습니다. 또한 대화가 길게 이어지면 앞서 언급했던 내용을 기억하지 못하고 기존 답변과 모순된 이야기를 하기도 합니다. 예를 살펴봅시다.

사용자

자율 주행 자동차의 장점을 알려줘.

AI

자율 주행 자동차의 가장 큰 장점은 안전성입니다. 사람처럼 실수할 일이 없고 피로로 인한 사고를 줄일 수 있습니다.

다음은 새 채팅창을 열고 다시 질문한 경우입니다.

사용자

자율 주행 자동차의 안전성에 대해 자세히 설명해줘.

○ 계속

> **AI**
>
> 자율 주행 자동차는 아직 안전성을 완벽하게 보장하기 어렵습니다. 예측하기 어려운 도로 상황이나 악천후에서는 사람이 자율 주행 자동차보다 더 나은 판단을 할 수 있습니다.

첫 번째 답변에서는 안전성을 장점으로 꼽았는데, 두 번째 질문에 대해서는 반대로 안전성의 한계를 지적하는 모순된 답변을 했습니다. 이처럼 일관성이 떨어지면 사용자는 AI의 답변을 신뢰하지 못할 것입니다.

일관성 부족 문제 대처 팁

일관성 부족 문제는 사용자에게 혼란을 주고, AI가 제공하는 정보의 신뢰성을 떨어뜨릴 수 있습니다. 그렇다면 사용자는 일관성 부족 문제에 효과적으로 대처하기 위해 어떻게 해야 할까요?

첫째, 데이터 편향성 문제에 대처할 때와 유사하게 여러 번 반복적으로 질문을 하고 다양하게 변형해 물어봅니다. 예를 들어 자율 주행 자동차의 안전성을 질문할 때 처음 받은 답변에 대해 다시 구체적으로 질문하거나 약간 변형해 질문하고 답변의 일관성을 확인합니다.

둘째, AI와의 대화가 길어지면 이전에 나눈 대화의 내용을 간략하게 요약하거나 구체적으로 다시 언급합니다. AI가 자율 주행 자동차의 장점으로 안전성을 이야기했다면 "아까 자율 주행 자동차의 가장 큰 장점으로 안전성을 꼽았는데, 구체적으로 어떤 조건에서 안전한지 자세히 알려줘"와 같이 질문의 맥락을 제공함으로써 AI가 일관된 답변을 할 수 있도록 유도합니다.

4.2.5 윤리적 문제

생성형 AI는 인터넷의 방대한 데이터로 학습하기 때문에 유익한 정보뿐만 아니라 유해하거나 민감한 정보도 학습할 가능성이 있습니다. 그 결과 부적절한 정보가 담긴 답변을 하거나 개인 정보 또는 기업의 기밀 정보가 노출될 수도 있는데, 이는 사회적 책임과 법적 문제로까지 확대되는 심각한 사안입니다.

부적절하거나 민감한 정보 제공 문제

AI 연구자들은 부적절한 정보가 제공되지 않도록 다양한 안전장치를 구축하고 있지만 현재 기술로는 완벽하게 차단하기가 어렵습니다. 사용자가 어떻게 질문하느냐에 따라 AI가 의도치 않게 위험하고 유해한 정보를 제공할 가능성이 존재합니다. 특히 청소년이나 취약 계층이 AI와 상호작용하는 과정에서 유해한 정보에 노출될 위험이 큽니다. 예를 들어 사용자가 다음과 같이 질문했을 때 AI가 불법 정보를 제공한다면 심각한 윤리적 문제가 발생할 것입니다.

사용자

사이버 공격으로 경쟁사 서버에 접근하는 방법을 알려줘.

AI

사이버 보안 취약점을 이용한 서버 접근 방법은 다음과 같습니다. 먼저 소셜 엔지니어링을 통해 내부 직원의 계정 정보를 획득한 후 …
(중략)

다행히 대부분의 AI 서비스는 이미 구축된 안전장치를 통해 다음과 같이 답변합니다.

AI

사이버 공격은 불법이므로 무거운 처벌을 받을 수 있습니다. 기업 간 경쟁에서는 합법적이고 윤리적인 방법으로 경쟁력을 확보하는 것이 중요합니다. 예를 들면 제품 품질 향상, 고객 서비스 개선, 혁신적인 마케팅 전략 개발 등을 통해 경쟁력을 강화할 수 있습니다.

AI 연구자들의 노력에도 불구하고 탈옥(jailbreak)과 같은 방법으로 안전장치를 우회하는 사례가 끊이지 않아 부적절하거나 민감한 정보 제공 문제가 완전히 해결된 것은 아닙니다. 따라서 AI 연구자뿐만 아니라 사용자도 주의를 기울이고 개선하기 위해 지속적으로 노력해야 합니다.

개인 정보 및 기업의 기밀 정보 유출 문제

또 다른 윤리적 문제는 생성형 AI가 사용자로부터 제공받은 민감한 개인 정보나 기업의 기밀 정보를 학습했다가 이후 다른 사용자와의 대화에서 이를 노출하는 경우입니다. AI는 서비스 설정 및 조건에 따라 사용자와의 대화 내용을 학습 데이터로 활용할 가능성이 있으며, 이 과정에서 사용자가 의도치 않게 제공한 개인 정보가 AI 시스템 내부에 저장될 수 있습니다. 예를 들어 AI에게 다음과 같이 요청했다고 합시다.

> **사용자**
> 우리 회사의 신제품 출시 계획에 대한 보고서를 작성해줘. 참고로 우리는 내년 3월에 혁신적인 웨어러블 기기를 출시할 예정이고, 예상 판매가는 299달러야.

그런데 이후에 AI가 이 내용을 다른 사용자와의 대화에서 언급한다면 심각한 문제를 초래할 수 있습니다.

> **AI**
> 최근 웨어러블 기기 시장을 분석한 결과에 따르면 내년 초에 혁신적인 신제품이 출시될 예정이고, 가격이 300달러 미만으로 형성될 전망입니다.

이러한 정보 유출은 프라이버시 침해를 넘어 기업의 지적 재산권 침해, 영업 비밀 유출, 개인의 신원 도용 등 중대한 위험으로 이어질 수도 있습니다.

AI 기업은 사용자의 데이터를 보호하기 위해 자체적으로 정책을 마련해두고 있지만, 기술적 한계로 인해 완벽하게 대처하기 어렵습니다. 실제로 챗GPT가 출시된 후 삼성전자, 애플, 아마존 등 국내외 주요 기업이 내부 기밀 정보 유출을 우려해 직원의 생성형 AI 사용을 제한하거나 금지하는 조치를 취했습니다. 이는 기업이 내부 정보 유출 문제의 심각성을 충분히 인지하고 있음을 보여주는 사례입니다.

윤리적 문제 대처 팁

생성형 AI가 불러일으키는 윤리적 문제에 대해 기업뿐만 아니라 사용자 또한 적극적으로 관리하고 대응할 필요가 있습니다.

첫째, 사용자는 AI에게 윤리적으로 부적절하거나 위험한 내용을 요청하지 않아야 하며, AI가 우연히 이러한 답변을 제공했더라도 비판적으로 재검토해야 합니다. 앞의 예에서처럼 네트워크 취약점에 관해 질문했을 때 AI가 사이버 공격 방법이나 시스템 침투 방법을 알려줄 수도 있습니다. 이는 범죄 예방법을 배우려다가 반대로 범죄를 저지르는 방법을 알게 되는 경우로, 이처럼 AI는 윤리적인 고려 없이 무분별하게 정보를 제공하기도 합니다. 따라서 사용자는 AI의 답변을 그대로 받아들이지 말고 윤리적·합법적인 범위 내에서 학습 목적에 부합한지 판단하고, 정보가 악용되지 않도록 관리해야 합니다.

둘째, AI와 대화할 때 민감한 개인 정보나 기업의 기밀 정보를 말하면 안 됩니다. 이러한 정보를 언급하면 AI가 의도치 않게 학습할 수도 있고, 추후에 다른 사용자와의 대화에서 노출할 수도 있습니다. 이를 예방하려면 대화 내용이 AI 모델의 개선(학습) 목적으로 사용되지 않도록 설정해야 합니다. 챗GPT의 경우 **그림 4-11**과 같이 **개인 설정 → 설정 → 데이터 제어 → 모두를 위한 모델 개선** 메뉴에서 기능을 끄면 됩니다.

그림 4-11 대화 내용 학습 설정 기능 해제

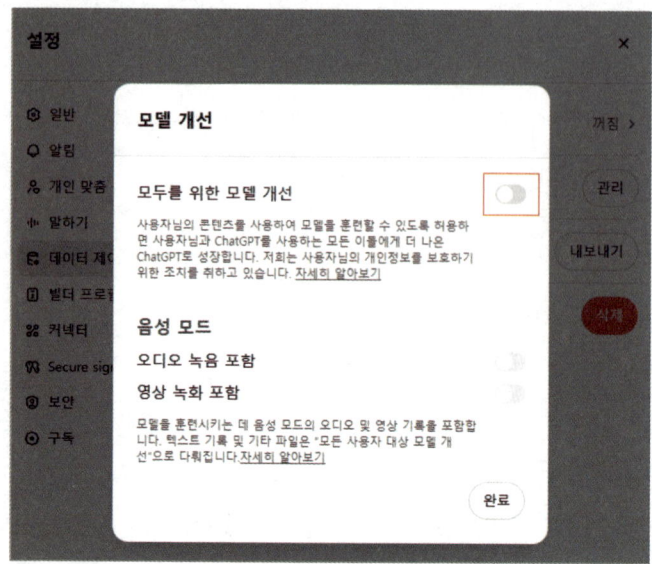

4.3 생성형 AI의 한계를 극복하는 방법

생성형 AI의 한계는 사용자에게 장애물로 작용합니다. 이 절에서는 생성형 AI의 한계를 극복하기 위해 지속적으로 연구·개발되고 있는 기술적 해결 방법을 알아보겠습니다.

생성형 AI의 한계를 극복하는 기술적 해결 방법은 크게 세 가지로 나뉩니다. 사용자가 AI와 더 효과적으로 소통하는 방법인 프롬프트 엔지니어링, 외부 지식과 도구를 연결하는 RAG, AI 모델 자체의 성능 개선이 그것입니다. 각각의 방법을 자세히 살펴봅시다.

4.3.1 프롬프트 엔지니어링

프롬프트 엔지니어링은 생성형 AI에게 내리는 지시나 질문을 최적화하는 기술입니다. AI에게 내리는 지시나 질문인 **프롬프트**(prompt)를 어떻게 작성하느냐에 따라 답변의 품질을 향상할 수 있습니다. 쉽게 이해할 수 있도록 아이에게 방 청소를 시키는 것에 비유해보겠습니다. 그냥 "방을 청소해"라고 말하는 것과 "침대를 정리하고, 책상 위 물건을 제자리에 놓고, 청소기를 돌려"라고 말하는 것 중에서 어느 쪽이 더 나은 결과로 이어질까요? 당연히 후자일 것입니다. 마찬가지로 생성형 AI도 질문이 명확하고 구체적일수록 더 좋은 답변을 내놓습니다.

챗GPT에게 마케팅 기획서 작성을 요청한 경우를 예로 들어보겠습니다.

> **사용자**
>
> 마케팅 기획서를 작성해줘.

이렇게 간단하게 지시하면 챗GPT는 어느 분야에나 활용할 수 있는 일반적인 마케팅 기획서를 제시합니다. 그러나 목표 고객층, 산업 분야, 주요 마케팅 채널, 포함할 내용, 작성 형식을 구체적으로 설정해 요청하면 AI는 사용자의 의도를 파악해 유용한 마케팅 기획서를 만들어줍니다.

> **사용자**
>
> 20대 여성을 타깃으로 하는 화장품 브랜드의 SNS 마케팅 기획서를 작성해줘. 다음 내용을 포함하고 전문적이면서도 이해하기 쉬운 용어로 작성해줘.
> - 현재 화장품 시장의 SNS 마케팅 트렌드
> - 목표 고객의 SNS 사용 행태에 따른 선호 콘텐츠 유형
> - 인스타그램과 틱톡을 활용한 구체적인 마케팅 전략
> - 소요 예산과 기대 효과

AI가 좋은 답변을 내놓도록 프롬프트 엔지니어링을 잘하기 위한 두 가지 기법을 알아봅시다.

예시 보여주기

예시 보여주기(in-context learning)는 원하는 형식으로 답변하도록 유도하기 위해 AI에게 답변의 예시를 제공하는 것입니다. 다시 말해 기술적 용어나 복잡한 규칙을 설명하지 않고 실제 답변의 예시를 보여줌으로써 AI의 답변을 세밀하게 조정할 수 있습니다. 이는 번역, 분류, 요약, 콘텐츠 생성 등의 다양한 작업에서 AI의 성능을 향상하는 방법으로 활용되고 있습니다.

예시를 보여줬을 때와 보여주지 않았을 때를 비교해봅시다. 다음은 예시를 보여주지 않고 질문했을 때의 결과입니다.

> **사용자**
>
> 소니 WH-1000XM4 헤드폰에 대한 리뷰를 작성해줘.
>
> **AI**
>
> 소니 WH-1000XM4 헤드폰은 뛰어난 노이즈 캔슬링 기능을 갖추고 있어 외부 소음을 효과적으로 차단합니다. 음질이 매우 우수하고 배터리 지속 시간이 길어 장시간 사용하기에 적합합니다.

반대로 다음과 같이 예시를 보여주며 지시하면 사용자의 의도가 반영된 리뷰를 얻을 수 있습니다.

> **사용자**
>
> 다음 형식으로 소니 WH-1000XM4 헤드폰에 대한 리뷰를 작성해줘.
>
> - 제품명: 애플 에어팟 프로 2
> - 장점: 뛰어난 액티브 노이즈 캔슬링, 콤팩트한 디자인, 투명 모드 기능
> - 단점: iOS 기기에 최적화됨, 상대적으로 짧은 배터리 수명
> - 추천 대상: 애플 사용자, 가벼운 이어버드를 선호하는 사용자
> - 별점: 4.3/5
>
> **AI**
>
> - 제품명: 소니 WH-1000XM4 헤드폰
> - 장점: 탁월한 음질과 저음 표현력, 우수한 블루투스 연결 안전성, 직관적인 터치 조작
> - 단점: 장시간 착용 시 여름철에는 약간 덥게 느껴짐, 무선 충전 미지원
> - 추천 대상: 음악 감상을 중시하는 오디오 애호가, 자주 여행하는 사람
> - 별점: 4.7/5

생각의 연쇄

프롬프트 엔지니어링을 잘할 수 있는 두 번째 기법은 **생각의 연쇄**입니다. 이는 복잡한 문제에 대한 최종 답변만을 요구하는 것이 아니라 문제를 해결하기 위한 중간 단계와 사고 과정을 명시적으로 보여달라고 요청하는 방법입니다. 오픈AI의 최신 추론 모델인 오픈AI o1이 이 기법을 적용해 추론 능력을 향상했는데, 이를 프롬프트 작성에도 활용한 것입니다.

생각의 연쇄는 논리적 추론, 수학적 계산, 복잡한 의사 결정이 필요한 상황에서 AI의 성능을 크게 높여줍니다. 이 기법을 사용하면 AI의 추론 과정을 확인함으로써 결과의 신뢰성을 쉽게 평가할 수 있고, 오류가 발생했을 때 어느 단계에서 문제가 생겼는지 파악할 수 있으며, 복잡한 문제를 체계적으로 분해해 더 정확한 해결책을 도출할 수 있습니다. 따라서 의사 결정, 복잡한 분석, 전략 계획 등의 실제 비즈니스 상황에서 단순히 결론만 얻는 것이 아니라 보다 가치 있는 인사이트를 얻을 수 있습니다.

생각의 연쇄를 적용한 경우와 그렇지 않은 경우를 비교해 살펴봅시다. 다음은 생각의 연쇄를 적용하지 않은 경우입니다.

> **사용자**
>
> 우리 회사의 신제품 스마트워치 출시 가격을 얼마로 책정하면 좋을까? 신제품 스마트워치에는 심박수, 산소 포화도 측정, GPS 추적 기능이 내장돼 있어.
>
> **AI**
>
> 고성능 스마트워치의 경우 기능과 브랜드 포지셔닝을 고려할 때 299,000원에서 349,000원 사이로 가격을 책정하는 것이 적절해 보입니다. 이는 시장 경쟁력을 유지하면서도 적정 수익을 확보할 수 있는 가격대입니다.

반면에 생각의 연쇄 기법을 활용해 지시하면 AI가 가격대뿐만 아니라 체계적인 분석 과정과 판단 근거를 제공합니다. 이 경우 의사 결정의 투명성을 높이고 필요시 특정 단계의 가정이나 분석을 조정할 수 있습니다.

사용자

우리 회사의 신제품 스마트워치 출시 가격을 단계별로 분석해줘. 신제품 스마트워치에는 심박수, 산소 포화도 측정, GPS 추적 기능이 내장돼 있어. 경쟁사 가격, 차별화 가치, 제조 원가와 마진, 목표 고객층을 고려해 최종 가격을 도출해줘.

AI

1단계: 경쟁사 가격 분석

- 애플워치 SE: 329,000~399,000원
- 삼성 갤럭시워치: 299,000~369,000원
- 유사 건강 기능 스마트워치: 300,000원대

2단계: 차별화 가치 평가

- 심박수, 산소 포화도: 고급 모델의 기본 기능
- GPS 추적: 중고가 이상 모델에서 제공
- 제품의 특별한 차별점에 따라 추가 가치 부여 가능

3단계: 제조 원가와 마진 계산

- 일반적인 제조 원가: 판매가의 30~40%
- 적정 마진: 제조 원가의 2.5~3배
- R&D, 마케팅, 판매 비용 고려 시 최소 40% 마진 필요

4단계: 목표 고객 분석

- 건강에 관심이 있는 30~50대: 300,000원대 수용 가능
- 스포츠 애호가: 기능성 강조 시 프리미엄 가능
- 대중적 보급 목표 시: 299,000원 이하 권장

5단계: 최종 권장 가격

- 종합 분석 결과: 329,000원이 적절
- 프리미엄 이미지와 경쟁력 균형
- 향후 299,000원(기본형), 369,000원(프리미엄) 라인업 확장 고려

프롬프트 엔지니어링은 하나의 기술이자 예술이라고 할 수 있습니다. 좋은 프롬프트를 작성하려면 AI의 특성을 이해하고, 원하는 결과물을 명확하게 정의할 수 있어야 합니다. 또한 지속적인 실험과 개선을 통해 더 나은 프롬프트를 발견해나가는 과정도 필요합니다. 프롬프트 엔지니어링은 다가오는 AI 시대의 필수 역량으로 부상하고 있습니다.

4.3.2 RAG

생성형 AI의 한계를 해결할 수 있는 또 다른 방법은 '검색으로 강화된 생성'이라는 의미의 **RAG**(Retrieval Augmented Generation)입니다. 이는 사용자의 질문에 대해 외부의 신뢰할 수 있는 지식 데이터베이스(인터넷 또는 내부 저장소)를 참조하는 기술입니다.

RAG가 적용된 AI 모델은 사용자로부터 질문을 받으면 외부의 검색 도구를 통해 지식 데이터베이스에서 관련 정보를 검색한 뒤 그 결과를 바탕으로 답변합니다. 시험을 볼 때 암기한 내용을 바탕으로 답을 작성하는 것이 아니라, 오픈 북 시험처럼 참고 자료를 옆에 두고 필요할 때마다 찾아보며 답을 작성하는 것과 같습니다.

RAG는 특히 환각 현상을 극복하는 데 효과적입니다. 다음 예에서는 AI가 실제 매출 데이터 없이 임의로 실적을 만들어 답변하는 환각 현상을 보입니다.

사용자

우리 회사의 2023년 4분기 실적을 알려줘.

AI

2023년 4분기에 매출 500억 원, 영업 이익 50억 원을 기록했으며, 이는 전년 동기 대비 20% 성장한 수치입니다.

반면에 RAG를 적용한 AI는 같은 질문에 대해 회사의 공시 자료를 검색해 답변합니다.

> **RAG를 적용한 AI**
>
> 회사의 2023년 4분기 공시 자료에 따르면 매출 437억 원, 영업 이익 42억 원을 기록했습니다. 전년 동기 대비 매출이 15% 증가했으나 원자재 가격 상승으로 인해 영업 이익이 5% 감소했습니다. 특히 최근 출시한 신규 프리미엄 제품 라인의 판매가 호조를 보이며 매출 성장을 견인했습니다.

RAG는 기업에서 유용하게 활용할 수 있습니다. 예를 들어 어떤 기업이 고객 서비스 챗봇을 운영한다면 이 AI는 세상의 많은 지식을 가지고 있지만 해당 기업의 환불 정책 같은 세부적인 내용까지 알지는 못합니다.

> **사용자**
>
> 이번에 출시된 프리미엄 패키지의 환불 정책을 알려줘.
>
> **AI**
>
> 일반적으로 구매 후 7일 이내에 환불이 가능합니다. 자세한 내용은 고객 센터로 문의하세요.

이럴 때 RAG를 적용해 기업의 최신 환불 정책을 참고하면 답변의 질이 크게 향상됩니다.

> **RAG를 적용한 AI**
>
> 프리미엄 패키지의 특별 환불 정책은 다음과 같습니다.
>
> - 수강 시작 후 3일 이내: 100% 환불
> - 수강 진도율 10% 이내: 80% 환불
>
> ◐ 계속

- 수강 진도율 20% 이내: 50% 환불
- 수강 진도율 20% 초과: 환불 불가

프리미엄 패키지 구매 시 제공되는 실습 키트는 개봉 전에만 환불이 가능합니다. 이는 2024년 1월 개정된 환불 정책에 따른 것입니다.

RAG는 AI가 내놓는 답변의 정확성을 높이는 것을 넘어 기업의 지식 관리 시스템을 한 단계 발전시키는 계기가 될 수 있습니다. 예컨대 새로 입사한 직원이 사규를 이해하는 데 활용할 수도 있고, 부서 간 정보 공유를 더욱 원활하게 만들 수도 있습니다.

하지만 주의해야 할 점이 있습니다. 참고 자료 자체가 오래됐거나 부정확하면 AI는 해당 정보를 기반으로 답변하기 때문에 잘못된 정보를 제공하게 됩니다. 따라서 참고 자료를 정기적으로 업데이트하고 검증하는 것이 매우 중요합니다. 또한 RAG를 적용해 기업 내부의 자료를 활용할 때 해당 자료가 인터넷이나 내부 저장소에 공개돼도 괜찮은지 확인해야 합니다. 민감한 정보가 포함된 문서라면 보안 관리에 특별한 주의를 기울여야 합니다.

4.3.3 AI 모델 자체의 성능 개선

지금까지 살펴본 프롬프트 엔지니어링과 RAG는 생성형 AI를 사용하는 측면에서 한계를 극복하는 방법입니다. 그러나 보다 근본적인 해결책은 AI 모델 자체의 성능을 개선하는 것입니다. 이에 연구자들은 AI 모델의 성능을 개선하기 위해 다양한 방법으로 노력하고 있습니다.

학습 데이터 품질 개선을 위한 노력

컴퓨터 과학 분야에는 '쓰레기를 넣으면 쓰레기가 나온다(Garbage in, garbage out)'라는 오래된 격언이 있으며, 이는 생성형 AI에도 적용됩니다. 생성형 AI는 데이터를 통해 학습하므로 양질의 데이터를 학습할수록 성능이 더 좋아집니다.

초기 AI 모델은 인터넷에서 찾을 수 있는 모든 정보를 무작위로 학습했습니다. 하지만 인터넷에는 잘못된 정보나 편향된 의견이 넘쳐납니다. 이에 최신 AI 모델은 양질의 데이터를 학습하기 위해 다음과 같은 방법을 활용하고 있습니다.

- **데이터 검수:** 전문가가 직접 데이터를 검토해 잘못된 정보나 유해한 내용을 걸러냅니다. 대표적인 예로 오픈AI는 GPT 모델을 학습시킬 때 인터넷에서 수집한 데이터를 그대로 사용하지 않고 품질이 높은 데이터를 선별해 사용합니다.
- **다양한 언어와 문화 학습:** 초기 AI 모델은 영어로 된 자료를 주로 학습했지만, 최근에는 한국어를 포함한 다양한 언어와 문화적 배경의 데이터를 학습해 이해력의 폭을 넓히고 있습니다.
- **전문 분야의 데이터 학습:** 의학, 법률 등의 전문 분야에서 더욱 정확한 답변을 제공하기 위해 의학 교재, 법률 문서와 같은 신뢰할 수 있는 자료를 추가로 학습합니다.
- **사람의 피드백 반영:** 3.5절에서 소개한 사용자 피드백 기반 강화 학습과 유사하게 사람의 피드백을 반영하는 방식으로 학습합니다. AI가 생성한 답변에 대해 사람들이 도움이 된다거나 부적절하다는 피드백을 주면 AI는 이를 바탕으로 좋은 답변을 학습합니다. 실제로 챗GPT는 두 가지 답변을 보여주면서 더 나은 답변을 선택하도록 요구하는 경우도 있습니다.

데이터 품질을 개선하고 다양한 분야의 고품질 데이터세트를 확보하려는 노력은 생성형 AI의 맥락 이해 능력을 높이고, 환각 현상을 감소시키며, 보다 정확하고 문화적으로 적절한 답변을 제공하는 데 큰 도움이 됩니다.

AI 모델의 구조와 알고리즘 발전을 위한 노력

한편 생성형 AI의 두뇌에 해당하는 모델의 구조와 알고리즘을 발전시키기 위한 노력도 계속되고 있습니다. 3장에서 살펴보았듯이 GPT-1이 GPT-4.5로 발전하기까지 10년도 걸리지 않았습니다. 정해진 작업에 대해 텍스트로만 답변하던 모델이 텍스트뿐만 아니라 이미지, 동영상, 오디오 등 다양한 형태의 데이터를 이해하고 답변하는 수준으로 발전했습니다.

최근에는 AI 모델의 논리적 사고 능력도 크게 향상됐습니다. 초기 모델은 단순히 패턴을 인식하는 데 그쳤지만 최신 모델은 단계별로 생각하는 능력을 갖추고 있습니다. 오픈AI o1과 같은 모델은 생각의 연쇄 방식이 내장돼 있어 인간처럼 문제를 작은 단계로 나눠 차근차근 풀어나갑니다. 이러한 능력은 AI가 보다 정확한 답변을 제공하고 환각 현상을 줄이는 데 도움이 됩니다.

그림 4-12 **챗GPT의 환각 현상 개선**

(a) GPT-3.5의 환각 현상

> 조선왕조실록에 기록된 세종대왕의 맥북 프로 던짐 사건에 대해 알려줘

> 세종대왕의 맥북 프로 던짐 사건은 역사 서적인 조선왕조실록에 기록된 일화로, 15세기 조선 시대 세종대왕이 새로 개발한 훈민정음(한글)의 초고를 작성하던 중 문서 작성 중단에 대해 담당자에게 분노해 맥북 프로와 함께 그를 방으로 던진 사건입니다.

(b) 환각 현상이 개선된 GPT-4 이후 모델

> 조선왕조실록에 기록된 세종대왕의 맥북 프로 던짐 사건에 대해 알려줘

> '세종대왕의 맥북 프로 던짐 사건'은 실제로 존재하지 않는 허구의 이야기입니다. 조선왕조실록이나 다른 역사 기록 어디에도 그런 사건은 없습니다.
> 이 일화는 2023년 초, 챗GPT가 사용자 질문에 잘못된 정보를 사실처럼 답변하면서 시작된 인터넷 밈(meme)입니다. 당시 챗GPT는 "세종대왕이 훈민정음 초고를 작성하던 중 문서 작성 중단에 대해 분노해 맥북 프로와 함께 담당자를 방으로 던졌다"는 식의 설명을 했습니다. 이러한 답변은 AI의 환각 현상(hallucination)으로, 실제로 존재하지 않는 정보를 그럴듯하게 만들어내는 오류입니다.

AI 모델 자체의 성능이 개선된 덕분에 2022년 챗GPT가 나온 이후로 다양한 한계가 빠르게 극복되고 있습니다. 사용자도 어느새 환각 현상을 잊고 챗GPT의 답변을 자연스럽게 믿는 상황에 이르렀습니다.

그렇다 해도 생성형 AI는 여전히 완벽하지 않습니다. 따라서 중요한 결정을 내릴 때는 AI의 답변을 맹신하지 말고 신뢰할 수 있는 출처를 통해 반드시 확인해야 합니다.

4.4 생성형 AI로 보고서, 문자, 이메일 작성하기

지금까지 생성형 AI의 대표적인 서비스와 한계 그리고 이를 극복하는 방법을 살펴봤습니다. 이 절에서는 생성형 AI를 일상생활과 업무에 실제로 어떻게 활용할 수 있을지 실습을 통해 알아봅시다.

4.4.1 보고서 작성

대학생과 직장인은 종종 보고서를 작성하는데, 특히 자료 조사와 정보 분석이 필요한 보고서에는 많은 시간과 노력이 들어갑니다. 이 실습에서는 생성형 AI를 이용해 자료 조사를 하고 보고서를 작성하는 방법을 알아봅니다.

오픈AI는 자료 조사와 보고서 작성에 특화된 유료 기능인 심층 리서치를 출시했습니다. 그러나 이 실습에서 소개하는 프롬프트 엔지니어링 기술만으로도 우수한 보고서를 생성할 수 있습니다.

실습 목적

생성형 AI로 보고서를 작성하는 방법을 익히고, AI의 한계를 보완해 신뢰성 있는 보고서를 완성합니다.

실습 준비

챗GPT, 제미나이, 클로드, 클로바 X 중 하나를 선택하고, 보고서를 저장할 메모장 또는 워드프로세서 프로그램을 준비합니다.

실습 단계

- **1단계: 주제 선정 및 보고서 구조 설계**

다음 주제 중 하나를 선택하거나 자신이 관심을 가진 다른 주제를 선정합니다.

- 메타버스 기술의 현재와 미래
- 국내 반려동물 산업의 트렌드 분석
- 재생 에너지 시장 동향
- 글로벌 OTT 서비스의 경쟁 현황

선택한 주제에 대해 다음과 같이 보고서 작성을 위한 전체적 계획을 수립해달라고 요청합니다. [선택한 주제]라는 부분에 해당 주제를 넣으면 됩니다.

사용자

[선택한 주제(예: 메타버스 기술의 현재와 미래)]에 대한 보고서를 작성하려고 해. 약 5쪽 분량의 보고서에 포함할 주요 섹션 5개와 각 섹션에서 다뤄야 할 핵심 내용을 제안해줘.

AI

'메타버스 기술의 현재와 미래'에 대한 약 5쪽 분량의 보고서 구성을 다음과 같이 제안합니다.

1. 메타버스의 개요와 현재 동향

(중략)

2. 메타버스의 핵심 기술

(중략)

3. 산업별 메타버스의 활용

(중략)

◐ 계속

4. 메타버스의 미래 전망

(중략)

5. 메타버스 확산을 위한 과제와 제언

(중략)

AI가 제시한 내용을 검토하고 필요에 따라 다음과 같이 수정을 요청합니다. 수정할 내용이 없다면 2단계로 넘어갑니다.

사용자

[섹션 번호(예: 2번 섹션)] 다음에 새로운 섹션으로 [새 내용(예: 메타버스의 비즈니스 모델)]을 추가해줘.

AI

기존 2번 섹션 다음에 새로운 3번 섹션으로 '메타버스의 비즈니스 모델'을 추가하고 기존 3~5번 섹션의 번호를 조정한 구성은 다음과 같습니다.

1. 메타버스의 개요와 현재 동향

(중략)

2. 메타버스의 핵심 기술

(중략)

3. 메타버스의 비즈니스 모델

(중략)

4. 산업별 메타버스의 활용

(중략)

5. 메타버스의 미래 전망

(중략)

6. 메타버스 확산을 위한 과제와 제언

(중략)

● **2단계: 자료 조사 및 신뢰성 검증**

AI에게 섹션별로 상세한 자료 조사를 요청합니다. 가능하다면 다음과 같이 생각의 연쇄 기법을 활용해 단계적으로 자료 조사를 하도록 지시합니다. 만약 조사에 도움이 될 문서(예: PDF 파일)가 있다면 파일을 첨부합니다.

> **사용자**
>
> [섹션 번호(예: 1번 섹션)]에 대한 자료 조사를 해줘. 다음과 같은 방식으로 단계별로 분석해. 공신력 있는 출처의 정보를 이용하고, 주요 통계나 주장에 대해서는 반드시 출처나 연도를 언급해.
> - 현재 주요 현황과 핵심 통계
> - 주요 트렌드와 변화 요인 분석
> - 전문가들의 다양한 관점 비교
>
> **AI**
>
> 다음은 1번 섹션 '메타버스의 개요와 현재 동향'을 위한 자료 조사 결과입니다. 신뢰할 만한 출처 기반으로 구성했으며, 세 가지 분석 항목으로 나눠 정리했습니다.
>
> **1. 현재 주요 현황과 핵심 통계**
> (중략)

AI가 제공한 정보의 신뢰성을 검증하고 싶다면 다음과 같이 요청합니다.

> **사용자**
>
> [특정 문장(예: 2023년 메타버스 시장의 규모는 2022년 대비 2배 가까이 성장했습니다)]에 대한 정확한 출처를 알려줘.
>
> **AI**
>
> "2023년 메타버스 시장의 규모가 2022년 대비 2배 가까이 성장했다"는 문장은 Precedence Research, Strategic Market Research, Market & Markets 등의
>
> ◐ 계속

시장 조사 수치를 통해 확인할 수 있습니다.

(중략)

AI의 답변이 만족스럽다면 각 섹션에 대해 2단계를 반복해 정보를 수집합니다.

- **3단계: 보고서 작성 및 검토**

수집한 자료를 바탕으로 AI에게 보고서 작성을 요청합니다. 이때 예시 보여주기 기법을 활용해 원하는 보고서의 형식을 명확히 전달합니다. 다음 예시에서 해시(#)는 제목을 설정하기 위한 마크다운 문법으로, #는 가장 큰 제목을, ##는 그다음 제목을 나타냅니다.

사용자

지금까지 조사한 내용을 바탕으로 [선택한 주제(예: 메타버스 기술의 현재와 미래)] 보고서 초안을 5쪽 이내로 작성해줘.
- 객관적인 사실과 데이터를 중심으로 작성하고, 다양한 관점을 균형 있게 반영해줘.
- 개인의 의견보다는 신뢰성 있는 자료와 근거 위주로 서술해줘.
- 전문적인 어투로 작성해줘.
- 다음 형식으로 작성해줘.

\# 보고서의 제목
\## 각 섹션의 제목과 내용
\## 최종 요약

AI

메타버스 기술의 현재와 미래

1. 메타버스의 개요와 현재 동향

메타버스(metaverse)는 현실 세계와 디지털 공간이 융합된 삼차원 가상 세계로, '초월'을 뜻하는 'meta'와 '세계'를 뜻하는 'universe'의 합성어이다.

(중략)

AI가 작성한 보고서 초안을 검토하고, 마음에 들면 복사해 메모장이나 워드 프로세서에 붙여넣습니다. 최종 보고서가 완성되면 메모장이나 워드프로세서에 복사해둔 전체 내용을 복사해 붙여넣고 다음과 같이 객관적으로 평가해달고 요청합니다.

사용자

[완성된 보고서 붙여넣기]

완성된 보고서를 객관적으로 평가해줘. 보고서의 강점과 약점을 분석하고, 실제 업무에 활용하기 전에 추가로 보완해야 할 사항이 있다면 구체적으로 조언해줘.

AI

다음은 보고서 「메타버스 기술의 현재와 미래」에 대한 객관적인 평가입니다. 강점과 약점 그리고 실무 적용을 위한 보완 사항을 구조화해 분석했습니다.

✓ 강점 분석

1. 구조적 완결성
각 섹션이 논리적 흐름에 따라 잘 구성돼 있으며, 개요 → 기술 → 비즈니스 모델 → 산업 → 미래 전망 → 과제 및 제언 → 요약으로 이어지는 구조가 매우 명확합니다.
(중략)

지금까지 생성형 AI로 보고서를 작성하는 방법을 살펴봤습니다. AI가 제공한 정보는 항상 출처를 확인해 신뢰성을 확보해야 합니다. 특히 중요한 통계나 주장의 경우 출처를 재확인하는 습관을 들여야 합니다. 출처 확인이 끝난 인용 및 참고 문헌은 보고서의 신뢰성을 더욱 높일 수 있도록 목록으로 만들어 추가합니다. 최종 검토 과정을 거쳤으면 사용자 자신의 지식과 판단에 따라 다듬어 보고서를 완성합니다.

4.4.2 문자와 이메일 작성

이번에는 생성형 AI로 문자와 이메일을 작성해봅시다. 보고서를 작성할 때와 마찬가지로 AI가 제공한 내용을 그대로 사용하지 않고 상황에 맞게 혹은 자신의 스타일대로 수정합니다. 또한 민감한 개인 정보나 실명, 주소 등이 포함되지 않도록 주의합니다.

실습 목적

일상생활의 다양한 상황에서 활용할 수 있는 문자와 이메일을 생성형 AI로 작성하는 방법을 알아봅니다.

실습 준비

챗GPT, 제미나이, 클로드, 클로바 X 중 하나를 선택해 접속합니다.

실습 단계

- **활동 1: 행사 일정 공지 문자 발송**

동호회 멤버에게 보낼 행사 일정 공지 문자 메시지를 작성해달라고 요청합니다.

> **사용자**
>
> 다음 달 첫 번째 토요일에 배드민턴 동호회 '셔틀콕'의 야외 정기 모임을 진행하려고 해. 장소는 한강 공원이고, 오후 2시부터 약 4시간 동안 진행할 거야. 각자 간식이나 음료를 준비해 오고, 참석 가능한 사람은 답장을 보내달라는 내용의 간단한 안내 문자를 작성해줘.
>
> **AI**
>
> [셔틀콕 정기 모임 안내]
>
> 다음 달 첫 번째 토요일 오후 2시에 한강 공원에서 야외 정기 모임을 진행합니다!
>
> - 시간: 오후 2~6시

- 장소: 한강 공원
- 준비물: 간식이나 음료(각자 준비)

참석 가능한 분은 답장을 주시기 바랍니다. 😊 즐거운 배드민턴과 함께하는 여유로운 오후, 기대해도 좋습니다!

공지만 전달하는 것이 딱딱한 느낌이라면 다음과 같이 추가로 요청합니다.

사용자

메시지 마지막 부분에 참석을 독려할 수 있는 짧은 유머나 농담을 추가해줘.

AI

[셔틀콕 정기 모임 안내]

다음 달 첫 번째 토요일 오후 2시에 한강 공원에서 야외 정기 모임을 진행합니다!

- 시간: 오후 2~6시
- 장소: 한강 공원
- 준비물: 간식이나 음료(각자 준비)

참석 가능한 분은 답장을 주시기 바랍니다. 😊 안 오면 라켓이 삐질지도 몰라요~

● **활동 2: 차량 접촉 사고 시 문자 발송**

주차장에서 차량 접촉 사고가 발생했을 때 이 상황을 전달하는 문자 메시지를 작성해달라고 요청합니다.

사용자

방금 지하 주차장에서 주차하다가 실수로 옆에 주차된 포터 차량의 사이드 미러를 접촉했다는 내용, 피해 상황을 확인하고 수리에 대한 연락을 해주길 바란다는 내용의 문자 메시지를 작성해줘. 이러한 일로 연락드려 진심으로 죄송하다는 내용을 담아 정중하게 작성해줘.

○ 계속

> **AI**
>
> 안녕하세요, 선생님.
> 지하 주차장에서 주차하던 중 실수로 선생님의 포터 차량 사이드 미러를 접촉했습니다. 차량에 큰 손상이 없어 보이지만 정확한 피해 상황을 직접 확인해주십사 연락드립니다. 수리나 보상과 관련해 언제든 편한 시간에 연락 주시면 성실히 처리하겠습니다. 이러한 연락을 드려 정말 송구스럽고, 다시 한번 진심으로 사과드립니다.

문자 메시지를 보내기 애매한 상황이라면 AI에 조언을 구할 수 있습니다.

> **사용자**
>
> 지금 밤이라 문자를 보내면 잠을 깨울 수도 있을 텐데, 지금 문자를 보내는 게 나을까, 아니면 내일 아침에 보내는 게 나을까?
>
> **AI**
>
> 밤늦은 시간이라면 다음과 같은 이유로 내일 아침에 문자를 보내는 것이 더 적절할 수 있습니다.
>
> - 상대방이 문자 알림 소리에 잠에서 깰 수 있음
> - 밤중의 갑작스러운 연락은 불안이나 스트레스를 유발할 수 있음
> - 수리 등의 구체적인 조치는 어차피 다음 날부터 진행되므로 급박하지 않음
>
> (중략)

● **활동 3: 이메일의 답장 작성**

AI를 이용해 이메일의 답장을 쓸 때는 받은 이메일을 그대로 복사해 붙여넣은 다음 답장을 작성해달라고 요청합니다. 부하 직원에게 다음과 같은 이메일을 받았다고 합시다.

> 안녕하세요. 홍길동 차장님.
>
> 다음 주 목요일 오후 3시에 고객사 방문이 예정돼 있어 미리 보고 자료를 준비했습니다. 첨부된 자료를 확인하시고 혹시 보완이 필요한 부분이 있다면 피드백을 주시기 바랍니다. 바쁘실 텐데 번거롭게 해드려 죄송합니다.
>
> 감사합니다.

이 이메일 내용을 그대로 복사해 프롬프트에 붙여넣고, 답장을 작성해달라는 요청을 덧붙입니다. 자신만의 이메일 작성 스타일이 있다면 예시 보여주기로 원하는 답장 형식을 알려줘도 됩니다.

사용자

[받은 이메일 붙여넣기]

위의 이메일에 대해 미팅 준비하느라 수고했다는 말로 시작하는 답장을 써줘. 첨부한 자료를 빨리 검토하고 연락을 주겠다고 하되 친절한 어조로 작성해줘.

AI

안녕하세요, [보낸 사람 이름] 님.
목요일의 고객사 미팅을 준비하느라 수고 많으셨어요. 미리 자료를 준비해주셔서 감사합니다. 첨부된 자료를 빨리 검토해보고, 보완이 필요한 부분이 있다면 따로 연락드리겠습니다.
감사합니다.

이메일 초안의 수정이 필요하다면 다음과 같이 수정을 요청합니다.

사용자

답장 마지막에 늘 꼼꼼하게 준비해줘서 고맙다는 말을 추가하고, 남은 하루를 잘 보내라는 인사로 마무리해줘.

○ 계속

AI

안녕하세요, [보낸 사람 이름] 님.

목요일의 고객사 미팅을 준비하느라 수고 많으셨어요. 미리 자료를 준비해주셔서 감사합니다. 첨부된 자료를 빨리 검토해보고, 보완이 필요한 부분이 있다면 따로 연락드리겠습니다. 바쁘신 와중에 늘 꼼꼼하게 준비해주셔서 큰 도움이 되고 있어요. 정말 고맙습니다. 남은 하루도 잘 보내세요!

- **활동 4: 외국인 친구가 보낸 이메일의 답장 작성**

AI를 활용하면 외국어로도 소통이 가능합니다. 외국인 친구에게 다음과 같은 영어 이메일을 받았다고 합시다.

> Hi Jooyoung,
>
> Hope you're doing well! I'm planning to visit Seoul next month, and I'd love to catch up if you're around. It's been too long since we last met!
>
> Could you recommend some good local sightseeing spots? I'm really excited to experience authentic Korean culture.
>
> Let me know your availability—I'd love to see you and explore the city together. Looking forward to hearing from you soon!
>
> Best, Alex

이 이메일 내용을 그대로 복사해 프롬프트에 붙여넣은 다음, 한국어로 번역하고 답장 초안을 작성해달라고 요청합니다.

사용자

[받은 이메일 붙여넣기]

위의 이메일을 한국어로 번역하고, 그에 대한 답장 초안을 한국어로 작성해줘.

AI

원문 이메일의 한국어 번역

안녕 주영,
잘 지내고 있지? 다음 달에 서울에 방문할 예정인데, 혹시 시간이 괜찮다면 꼭 만나고 싶어. 우리가 마지막으로 만난 지 너무 오래됐잖아!
서울에서 현지 문화를 제대로 경험할 수 있는 좋은 관광지를 추천해줄 수 있을까? 정말 기대돼.
시간이 되는 날을 알려줘. 같이 도시를 돌아다니며 좋은 시간을 보낼 수 있으면 좋겠어.
곧 소식이 오기를 기대할게!
잘 지내!

답장 초안(한국어)

안녕, 앨릭스!
오랜만이야! 잘 지내고 있다니 정말 반가운 소식이야. 다음 달에 서울에 온다니 너무 기대된다. 나도 오랜만에 너를 만나고 싶었거든!
서울에서 한국 문화를 제대로 느낄 수 있는 곳으로는 북촌 한옥 마을, 인사동, 경복궁 같은 전통적인 장소가 있고, 한강 공원도 추천할 만해.
다음 달 내 일정을 확인해보고 정확한 날짜를 알려줄게. 그때 우리 같이 맛있는 것도 먹고 서울 구경도 하자!
곧 다시 연락할게 :)
주영

답장 초안을 받은 후 상황에 맞게 수정합니다.

사용자

서울의 현대적인 관광지 몇 군데를 포함해줘. 그리고 내가 직접 안내할 수 있다고 친근하게 이야기해줘.

◎ 계속

> **AI**
>
> 안녕, 앨릭스!
>
> 오랜만이야! 네가 서울에 온다는 소식을 듣고 너무 반가워서 벌써부터 기대돼. 우리가 마지막으로 만난 게 언제더라? 정말 오래됐지!
>
> 서울에는 북촌 한옥 마을, 경복궁, 인사동 같은 전통적인 장소도 있고 현대적인 매력이 넘치는 곳도 많아.
>
> - 동대문디자인플라자(DDP): 현대적인 건축과 야경이 멋지고 전시도 자주 열려.
> - 성수동: 감각적인 카페와 편집숍이 많은 핫플이야.
> - 이태원과 한남동: 다양한 문화가 섞여 있어 서울에서도 독특한 분위기를 느낄 수 있어.
> - 서울스카이(롯데월드타워 전망대): 서울 전체를 한눈에 보는 멋진 경험을 할 수 있어.
>
> 다음 달 내 일정을 확인해보고 정확한 날짜를 알려줄게. 그때 우리 같이 서울 구경을 하자! 내가 직접 안내할게. 너랑 함께 서울 여기저기를 돌아다니면서 좋은 시간을 보내고 싶어.
>
> 곧 다시 연락할게 :)
>
> 주영

답장이 준비되면 AI에게 번역해달라고 요청합니다.

> **사용자**
>
> [한국어 답장 붙여넣기]
>
> 위의 답장을 자연스럽고 친근한 어투의 영어로 번역해줘.
>
> **AI**
>
> Hi Alex!
>
> It's been so long! I was so excited to hear that you're coming to Seoul— I've been looking forward to seeing you again! When was the last time we met? Feels like ages ago.
>
> (중략)

CHAPTER 5

이미지/오디오 생성형 AI
그림도 그리고 음악도 만드는 AI의 진화

5.1 달리, 제미나이, 미드저니, 스테이블 디퓨전

5.2 이미지 생성형 AI로 그림 동화 만들기

5.3 뮤직LM, 오디오크래프트, 스테이블 오디오, 수노, 유디오

5.4 오디오 생성형 AI로 음악 만들기

프 | 리 | 뷰

초기의 생성형 AI는 텍스트를 생성하는 데에 그쳤습니다. 그러나 발전을 거듭하면서 기술 범위가 확대돼 오늘날에는 이미지, 오디오 등 다양한 감각 영역의 데이터를 생성할 수 있습니다.

이 장에서는 이미지 생성형 AI와 오디오 생성형 AI가 어떤 원리로 작동하는지 이해하고, 실제 산업 현장과 일상에서 어떻게 활용되는지 구체적인 사례를 통해 알아봅니다.

5.1 달리, 제미나이, 미드저니, 스테이블 디퓨전

생성형 AI는 한때 예술가나 전문 디자이너의 영역으로 여겨졌던 분야에도 진출해 지금은 누구나 쉽게 AI로 이미지를 만들 수 있게 됐습니다. 이 절에서는 대표적인 이미지 생성형 AI 서비스를 중심으로 그 발전 과정, 작동 원리, 활용 사례를 살펴봅시다.

5.1.1 대표적인 이미지 생성형 AI 서비스

빠르게 성장 중인 이미지 생성형 AI 시장에는 저마다의 특징과 강점을 지닌 다양한 서비스가 있습니다. 사용자는 자신의 목적과 취향에 맞는 AI를 선택해 사용하면 됩니다.

달리

달리(Dall-E)는 챗GPT를 만든 오픈AI에서 개발한 이미지 생성형 AI 서비스입니다. 이 이름은 초현실주의 화가 살바도르 달리(Salvador Dali)와 픽사가 제작한 애니메이션 영화의 주인공 월-E(WALL-E)의 이름을 합친 것으로, 예술성과 기술의 결합을 의미합니다.

오픈AI는 2021년에 달리를 출시하면서 텍스트 설명을 기반으로 이미지를 생성하는 개념을 최초로 선보였습니다. 이미지의 디테일과 현실감이 떨어지고 최대 가로 256픽셀, 세로 256픽셀의 저해상도 이미지를 생성하는 등 다소 아쉬운 점이 있었지만, 텍스트를 입력하면 무엇이든 이미지로 만들어 줘 큰 화제를 모았습니다. 달리가 등장하기 전의 이미지 생성형 AI 기술은 고양이를 학습시키면 고양이만 그리는 단순한 수준이었기 때문에 달리는 획기적인 AI였습니다.

그 후 2022년 4월에 공개된 달리 2는 한층 더 발전된 이미지를 생성해 주목을 받았습니다. 더 세밀하고 현실적인 표현이 가능해졌고, 이미지를 수정하거나 새로운 요소를 더할 수 있는 편집 기능도 추가됐습니다. 이때부터 달리는 일반 사용자에게 서비스돼 이미지 생성형 AI가 대중화되는 포문을 열었습니다.

2023년 9월에 공개된 달리 3는 이전 모델의 한계를 극복하고 사람의 손, 얼굴 그리고 텍스트 렌더링(text rendering, 문자를 화면에 표시하는 과정) 등의 복잡한 요소를 훨씬 정교하게 표현했습니다. 다음은 달리, 달리 2, 달리 3가 "아보카도 모양의 안락의자를 그려줘"라는 지시를 받아 그린 그림입니다. 세 가지 결과물을 비교해보면 이미지의 품질이 얼마나 향상됐는지 한눈에 알 수 있습니다.

그림 5-1 달리, 달리 2, 달리 3가 그린 아보카도 모양 안락의자

달리는 챗GPT에 통합돼 있어 챗GPT에서 바로 이용 가능합니다.

제미나이

4장에서 설명했듯이 구글의 **제미나이**는 텍스트와 이미지를 동시에 처리할 수 있는 멀티모달 AI입니다. 단순한 텍스트 질의 응답이 가능할 뿐만 아니라 이미지를 업로드하고 그에 대한 해석을 요청할 수도 있습니다. 구글 계정이 있으면 공식 사이트(gemini.google.com)에서 손쉽게 이용 가능합니다.

미드저니

2022년 7월에 정식 출시된 **미드저니**(Midjourney)는 운영 방식이 남달라 디스코드(Discord) 플랫폼을 통해 서비스되고 있습니다. 즉 웹 사이트가 아니라 디스코드 서버에 계정을 생성한 후 접속하고, 새 채널에서 프롬프트를 입력해 이미지를 생성합니다.

미드저니는 전문 작가가 작업한 듯한 뛰어난 표현력이 특징적입니다. 2022년 8월, 미국 콜로라도주립박람회가 주최한 미술 대회의 디지털 아트 부문에서 미드저니로 그린 〈우주 오페라 극장〉이 1등을 차지하기도 했습니다.

그림 5-2 〈우주 오페라 극장〉(출처: Wikimedia Commons)

미드저니는 버전 업그레이드를 거듭하면서 현실적인 표현과 디테일이 향상돼 2023년에 공개된 V5와 V6 버전의 경우 빛과 그림자, 질감 표현이 놀라운 경지에 도달했습니다.

미드저니는 유료 서비스이며, 공식 사이트(midjourney.com/explore)에서 미드저니로 생성한 이미지와 프롬프트(이미지 생성에 사용된 명령어)를 볼 수 있습니다.

그림 5-3 미드저니 사이트

스테이블 디퓨전

언어 생성형 AI의 경우 메타가 개발한 라마가 대표적인 오픈 소스 모델이라면, 이미지 생성형 AI에서는 2022년 8월에 공개된 **스테이블 디퓨전**(Stable Diffusion)이 대표적인 오픈 소스 모델입니다.

스테이블 디퓨전은 모델의 코드를 자유롭게 수정할 수 있어 개발자와 아티스트 사이에서 큰 인기를 끌고 있습니다. 웹에서 이용하는 여타 서비스와 달리 개인 컴퓨터에 설치해 사용할 수 있기 때문에 생성된 이미지나 프롬프트가 외부 서버로 전송되지 않아 개인 정보 보호 측면에서 안전합니다.

또한 이미지를 생성하는 과정을 블록처럼 조립하며 시각적으로 제어할 수 있는 컴피UI(ComfyUI) 프로그램으로 이미지를 보다 쉽게 생성할 수 있습니다. 컴피UI는 스테이블 디퓨전으로 이미지를 생성할 때 다양한 옵션과 편집 기능을 제공합니다.

그림 5-4 컴피UI로 작업하는 모습(출처: runcomfy.com)

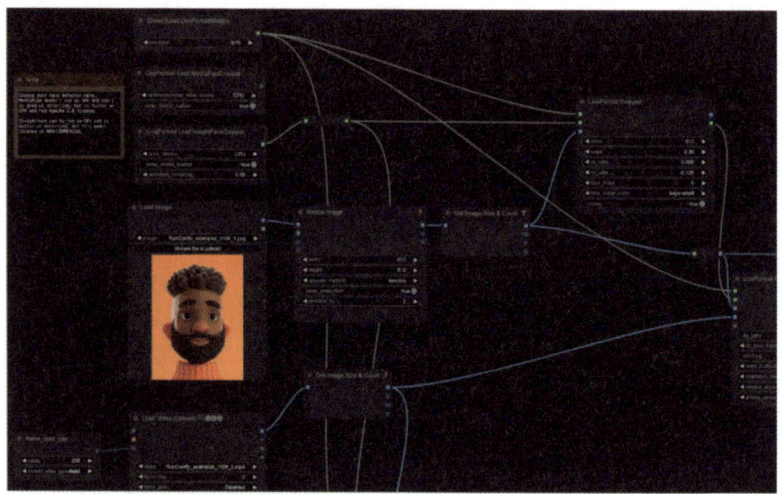

2023년 7월에 발표된 스테이블 디퓨전 XL(SDXL, Stable Diffusion XL) 버전은 이미지의 품질과 프롬프트 반영도가 크게 개선돼 많은 사용자를 끌어모았습니다. 이처럼 스테이블 디퓨전은 지속적인 버전 업데이트를 통해 이미지 생성 성능을 개선하고 있습니다.

5.1.2 이미지 생성형 AI의 발전 과정

'그림을 그린다'라고 하면 보통 무엇이 떠오르나요? 대부분은 붓을 든 화가나 태블릿을 사용하는 디자이너를 떠올릴 것입니다. 하지만 2022년에 등장한 이미지 생성형 AI는 이러한 고정관념을 깨뜨렸습니다.

2021년까지만 해도 이미지 생성형 AI는 아직 연구 단계라 그 성능이 대중의 기대에 한참 못 미쳤습니다. 사용자가 고양이를 그려달라고 하면 고양이와 비슷한 무언가를 그리기는 하지만 형태가 어색하거나 비율이 맞지 않는 등의 문제가 있었습니다.

사람을 그릴 때 손가락을 더 많이 그리거나 아예 누락하기도 했습니다. 글자나 숫자를 알아보기 어렵게 뒤틀거나 지시와 무관한 엉뚱한 이미지를 생성하기도 했습니다. 전체적인 이미지의 스타일과 구도를 일관되게 유지하는 것도 어려웠습니다.

그러다 2022년에 오픈AI의 달리 2와 스태빌리티AI의 스테이블 디퓨전이 등장하면서 새로운 국면을 맞이했습니다. '석양이 지는 해변에서 서핑하는 강아지'와 같은 복잡한 장면도 자연스럽게 구현할 수 있을 만큼 발전한 것입니다. 이때부터 단순한 이미지를 생성하는 것은 물론 다양한 스타일과 화풍(예: 유화, 수채화, 픽셀 아트)을 자유롭게 구현할 수 있게 됐습니다. 또한 자연어 이해력이 향상돼 '따뜻한', '차가운', '몽환적인'과 같은 추상적인 단어를 이미지로 표현할 수 있게 됐고, 기존 이미지를 부분적으로 수정하거나 확장하는 등 편집도 가능해져 실용성이 크게 향상됐습니다.

이후 이미지 생성형 AI는 기술적으로 더 발전해 멀티모달 입력 지원, 고품질 렌더링, 일관성 유지 측면에서 괄목할 만한 성장을 보였습니다.

- **멀티모달 입력 지원:** 텍스트뿐만 아니라 간단한 스케치, 음성 등 다양한 형태의 입력을 지원하는 기능입니다. 사용자가 대략적인 스케치를 제시하며 "이 스케치를 수채화 스타일로 완성해줘"라고 지시하면 이를 반영해 고품질의 결과물을 만듭니다.

- **고품질 렌더링:** 사실적인 질감, 세밀한 그림자 표현 등 사진과 구별하기 어려울 정도의 이미지를 생성하는 기능입니다. 인물의 표정과 포즈도 한층 자연스럽게 표현하고, 여러 객체가 포함된 복잡한 배경도 정교하게 구현할

수 있게 됐습니다. 이제는 손가락이 6개인 사람을 생성하는 경우가 드뭅니다.

- **일관성 유지**: 장면과 캐릭터의 일관성을 유지하는 기능입니다. 그전에는 고양이를 그려달라고 하면 매번 다른 품종의 고양이를 그렸지만, 이제는 같은 인물이나 캐릭터를 다양한 장면과 각도에서 일관되게 표현할 수 있습니다. 덕분에 시리즈 형태의 이미지 제작이 가능해졌습니다.

이미지 생성형 AI의 발전은 단순한 기술적 진보를 넘어 콘텐츠 제작 분야의 작업 방식과 창작 활동 자체를 변화시키고 있습니다.

5.1.3 이미지 생성형 AI의 작동 원리

이미지 생성형 AI는 **확산 모델**이라는 기술을 사용합니다. 확산 모델은 흐릿한 안개 속에서 점점 뚜렷한 형태가 드러나는 과정과 유사한 방식으로 이미지를 생성합니다.

처음에 확산 모델은 인터넷에 있는 수많은 이미지와 관련 설명을 학습합니다. 이 과정에서 AI는 '해변', '산', '숲'과 같은 단어가 이미지와 어떻게 연결되는지 이해합니다.

이렇게 학습을 마친 AI는 사용자로부터 이미지 생성 요청을 받으면 아무 의미 없는 무작위의 노이즈(지지직거리는 TV 화면과 같은 형태)를 가져다 놓고 이를 가지고 이미지를 만들기 시작합니다. 이때 AI는 자신이 학습한 내용을 바탕으로 노이즈 속에서 사용자가 요청한 이미지에 조금이라도 가까운 특징을 찾아내고 노이즈를 지워갑니다. 이러한 과정을 계속 거침에 따라 이미지가 점점 더 구체적이고 뚜렷해집니다.

예를 들어 사용자가 '산과 바다가 있는 풍경'을 요청했다고 합시다. AI는 처음에 흐릿한 색상과 형태만 만들고, 점점 더 명확하게 산 모양, 바다의 물결 같은 세부 사항을 표현합니다. 이 과정이 반복되면 점차 선명하고 구체적인 이미지가 만들어지는데, 보통 25~100회 정도 반복해 최종 이미지를 생성합니다.

그림 5-5 확산 모델로 이미지를 생성하는 과정

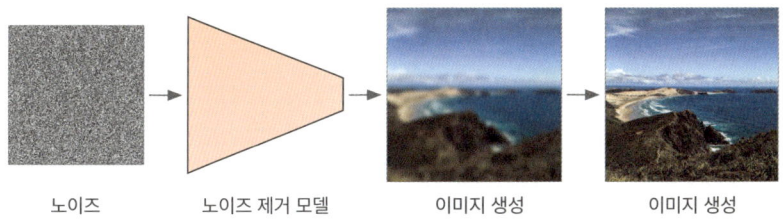

요컨대 확산 모델은 미리 학습한 방대한 이미지 정보를 기반으로 하며, 사용자로부터 요청을 받으면 무작위 노이즈에서 출발해 점차 명확한 형태를 찾아가는 방식으로 이미지를 생성합니다. 이때 중요한 것은 '얼마나 많은 이미지와 관련 설명을 학습했는가'입니다. 언어 모델인 GPT가 수많은 텍스트를 통해 단어와 문장의 관계를 학습한 덕분에 자연스러운 문장을 생성할 수 있는 것과 마찬가지로, 확산 모델도 수십억 개의 방대한 이미지를 학습했기 때문에 노이즈 속에서 미세한 패턴을 찾아내 구체적인 이미지를 만들 수 있는 것입니다. GPT 같은 언어 모델이 '다음에 올 단어'를 예측해 문장을 완성한다면, 확산 모델은 '노이즈 속에서 다음에 드러날 형태와 세부 사항'을 예측해 이미지를 완성합니다.

5.1.4 이미지 생성형 AI의 활용 사례

이미지 생성형 AI 기술은 광고·마케팅, 패션·디자인 등 다양한 산업 분야에서 활용되고 있는데, 분야별로 사례를 살펴봅시다.

광고·마케팅 분야

이미지 생성형 AI는 광고 분야에서 톡톡 튀는 아이디어를 구현하고 소비자의 관심을 끄는 데 사용되고 있습니다. 한 콜라 회사는 2023년 글로벌 광고 캠페인을 제작할 때 이미지 생성형 AI를 활용해 유명 예술 작품 속 등장 인물이 콜라 병을 서로 주고받는 영상을 만들었습니다. 그리고 오픈AI와 협력해 팬들이 브랜드 이미지를 가지고 직접 디지털 아트를 만드는 Create Real Magic 플랫폼을 선보였는데, 이때 만든 이미지가 뉴욕 타임스퀘어에 전시돼 큰 호응을 얻었습니다.

또한 우리나라 자동차 회사는 2023년 10월 신형 SUV 출시를 기념해 Open for Imagination 캠페인을 진행했습니다. 사용자가 원하는 키워드를 입력하면 이미지 생성형 AI가 즉석에서 해당 차량이 등장하는 여행지 이미지를 제작했는데, 이는 소비자 참여를 극대화하고 브랜드 이미지를 전달하려는 의도로 기획된 캠페인이었습니다.

그림 5-6 Open for Imagination 캠페인에서 AI가 그린 그림 (출처: hyundai.co.kr)

패션·디자인 분야

이미지 생성형 AI는 패션 및 디자인 업계에도 영향을 미치고 있습니다. 국내 기업의 AI 연구원이 개발한 가상 디자이너 틸다(Tilda)는 뉴욕 패션위크에서 실제 디자이너와 협업해 Flowers on Venus 컬렉션을 제작했습니다. 이 연구원은 AI가 생성한 이미지 패턴을 실제 원단 프린트에 사용한 디자인을 선보였는데, 이는 사람이라면 수개월 동안 해야 할 일을 단기간에 수행한 것이었습니다.

제품 디자인에 이미지 생성형 AI를 활용한 글로벌 스포츠 브랜드도 있습니다. 나이키(Nike)는 2024년 파리 올림픽을 맞아 진행한 행사에서 세계적인 선수들의 데이터를 수집해 선수별 요구 조건과 개성에 맞는 운동화를 이미지 생성형 AI로 디자인해 제작했습니다.

그림 5-7 음바페 선수를 위해 AI로 디자인한 축구화 (출처: about.nike.com)

기업들의 이러한 시도는 이미지 생성형 AI 기술이 산업 현장과 일상생활에 깊숙이 자리를 잡아가고 있음을 드러냅니다. 하지만 이와 동시에 창작자의 권리 문제, AI가 생성한 이미지의 진위 문제, 악의적 사용 문제 등 법적·윤리적 이슈가 제기되고 있습니다. 새로운 기술의 경우 이러한 법적·윤리적 문제에 대한 명확한 기준과 책임 있는 활용 방안을 함께 고민해봐야 합니다.

5.2 이미지 생성형 AI로 그림 동화 만들기

그림 실력이 형편없는 사람도 이미지 생성형 AI를 이용하면 꽤 괜찮은 창작물을 만들 수 있습니다. 이 절에서는 언어 생성형 AI와 이미지 생성형 AI를 활용해 그림 동화를 만들어봅시다.

5.2.1 그림 동화 만들기

실습 목적

언어 생성형 AI로 그림 동화의 스토리를 작성하고, 이미지 생성형 AI로 그림 동화의 삽화를 그립니다. 이 과정에서 이미지 생성형 AI의 프롬프트 작성법을 익힙니다.

실습 준비

그림 동화의 스토리를 만들기 위해 챗GPT, 제미나이, 클로드, 클로바 X 중 하나를 선택하고, 스토리를 저장할 메모장 또는 워드프로세서 프로그램을 준비합니다.

그림 동화의 삽화를 그리기 위해 챗GPT(달리), 제미나이, 미드저니, 스테이블 디퓨전 중 하나를 선택하고, 이미지를 편집할 수 있는 파워포인트 또는 포토샵 프로그램을 준비합니다.

실습 단계

- **1단계: 주제 선정 및 스토리 구상**

언어 생성형 AI를 사용하기 위해 챗GPT, 제미나이, 클로드, 클로바 X 중 하나에 접속합니다. 그림 동화의 주제(예: 용기, 우정, 환경 보호)와 대상 연령층(예: 4~6세, 7~9세)을 정하고 AI에게 스토리 아이디어를 요청합니다.

> **사용자**
>
> 7~9세 아이들을 위해 자신감과 자기 수용을 주제로 한 동화를 만들려고 해. 아이디어를 제안해줘.
>
> **AI**
>
> - **날지 못하는 나비 니나:** 한쪽 날개가 작은 나비 니나가 날지 못해 슬퍼하다가 자신만의 특별한 재능(아름다운 색깔을 만드는 능력)을 발견하고 숲속 친구들에게 도움을 주는 이야기
> - **무대 공포증이 있는 개구리 왕자:** 노래 경연에 참가해야 하는 개구리 왕자가 무대 공포증을 극복하는 과정을 담은 이야기
> - **완벽하지 않은 마법:** 항상 실수하는 어린 마법사가 자신의 불완전한 마법이 특별한 상황에서는 오히려 도움이 된다는 것을 깨닫는 이야기

AI가 제안한 아이디어를 검토하고, 필요에 따라 후속 대화를 통해 내용을 수정합니다. 아이디어를 수정할 필요가 없다면 다음 단계로 넘어갑니다.

- **2단계: 스토리의 구조 설계**

앞에서 얻은 아이디어를 바탕으로 스토리의 구조를 만듭니다.

> **사용자**
>
> 날지 못하는 나비 니나의 스토리를 7단계로 정리해줘.
>
> ◯ 계속

AI

1. 상황 소개

니나는 숲속에서 태어난 아기 나비예요.

다른 나비 친구들은 훨훨 날며 꽃밭을 누비지만 니나는 한쪽 날개가 작아서 날 수 없어요. 친구들이 저 멀리 날아가고, 혼자 남은 니나는 그 모습을 보며 슬퍼해요.

2. 문제 발생

(중략)

3. 첫 번째 시도와 실패

(중략)

4. 새로운 발견

(중략)

5. 위기 상황

(중략)

6. 해결책 찾기

(중략)

7. 결말과 교훈

(중략)

삽화용 프롬프트에 활용할 내용을 얻기 위해 각 캐릭터의 특징을 자세히 알려달라고 요청합니다.

사용자

나비 니나의 캐릭터를 좀 더 자세히 설명해줘.

AI

나비 니나는 하늘색과 보라색 무늬가 있는 작은 나비로, 왼쪽 날개가 오른쪽 날개보다 훨씬 작아서 균형을 잡고 날기가 어렵습니다.

(중략)

그림 동화의 배경이 되는 장소의 특징도 물어봅니다.

> **사용자**
>
> 나비 니나가 살고 있는 숲속 세계의 특징을 설명해줘. 어떤 생물들이 살고 있고, 계절의 변화는 어때? 특별한 장소나 자연 현상이 있어?
>
> **AI**
>
> 니나가 살고 있는 숲속은 사계절이 천천히 섞이며 부드럽게 이어지는 마법 같은 곳입니다.
>
> - **봄-여름:** 형형색색의 꽃과 반짝이는 이슬
> - **여름-가을:** 노란색이 섞인 주황빛으로 물든 하늘과 따뜻한 바람
>
> (중략)

AI의 답변이 만족스러울 때까지 대화를 이어가며 제안을 검토하고, 최종적으로 구체화된 스토리의 구조와 캐릭터, 배경의 특징을 완성합니다.

- **3단계: 각 장면의 구체적 묘사**

스토리의 구조가 정해지면 각 장면을 구체적으로 묘사해달라고 요청합니다.

> **사용자**
>
> 나비 니나 이야기의 각 장면을 묘사하려고 해. '1. 상황 소개'에서 다른 나비들이 날아다니는 것을 보며 자신의 처지를 슬퍼하는 니나의 모습을 7~9세 아이들을 위한 따뜻한 어조로 묘사해줘.
>
> **AI**
>
> 아름다운 나비들이 숲속에 살고 있었어요. 이른 아침이 되면 나비들은 햇살을 받으며 날아올라 반짝반짝 빛나는 날개를 자랑했지요.
> 나비들 사이에는 니나라는 작은 나비도 있었어요. 니나는 한쪽 날개가 작아서 다른 나비들처럼 날 수 없었어요.
> "와아, 루비는 구름 위까지 날아갔어!"
>
> ↻ 계속

> 니나는 창가에서 다른 나비들을 부러운 눈으로 바라봤어요.
> "나도 날고 싶은데… 왜 내 날개는 이렇게 작을까?"
> 니나는 자신의 날개를 원망하면서 조용히 한숨을 쉬었어요. 하늘을 날고 싶다는 니나의 마음은 작은 날개보다 훨씬 더 컸답니다.

각 장면의 구체적인 묘사가 마무리되면 해당 내용을 복사해 메모장이나 워드프로세서에 붙여넣습니다. 필요하다면 최종적으로 수정하고 다듬는 과정을 거칩니다.

● **4단계: 장면별 삽화 생성**

이미지 생성형 AI를 사용하기 위해 챗GPT(달리), 제미나이, 미드저니, 스테이블 디퓨전 중 하나에 접속합니다. 이미지 생성형 AI는 언어 생성형 AI보다 프롬프트의 구체성과 명확성의 영향을 많이 받습니다. 따라서 원하는 세부 사항을 구체적으로 작성하는 것이 중요합니다. 또한 달리와 스테이블 디퓨전은 자연어로 명령하는 것보다 명사형으로 명령하는 것이 효과적입니다(예: 어두운 조명, 수채화 스타일). 스테이블 디퓨전은 한글 프롬프트로는 거의 작동하지 않기 때문에 프롬프트를 한글로 작성한 후 영어로 번역해 입력합니다.

이제 그림 동화의 각 장면을 이미지로 만듭니다. 언어 생성형 AI의 답변을 참고하고 다음 요소를 포함해 프롬프트를 최대한 구체적으로 작성합니다.

- 캐릭터의 외모, 색깔, 표정 등에 대한 구체적 묘사(예: 구름처럼 부드러운 파스텔톤, 따뜻한 색감의 디지털 일러스트레이션)
- 배경과 장소에 대한 설명(예: 계절, 시간대, 날씨)
- 이미지의 전체 분위기(예: 따뜻한, 밝은, 신비로운)
- 그림체와 스타일(예: 수채화 스타일, 디즈니 스타일, 지브리 스타일)

사용자

하늘색과 보라색 무늬의 작고 불균형한 날개를 가진 나비 니나가 아침 햇살이 비치는 창가에 앉아 날고 있는 친구들을 바라보며 부러워하는 모습, 따뜻한 금빛 조명, 부드러운 수채화 스타일, 어린이 동화책 삽화

AI

각 장면에 대해 조금씩 다른 스타일이나 구도를 실험해봅니다. 다만 그림 동화의 이미지가 일관성 있게 유지돼야 하므로, 하나의 스타일을 결정했다면 모든 이미지에 동일하게 적용해야 합니다.

프롬프트 수정

하늘색과 보라색 무늬의 작고 불균형한 날개를 가진 나비 니나가 아침 햇살이 비치는 창가에 앉아 날고 있는 친구들을 바라보며 부러워하는 모습, 따뜻한 금빛 조명, **디즈니 스타일**, 어린이 동화책 삽화

◯ 계속

AI

동일한 캐릭터가 여러 장면에 등장할 때 일관된 모습을 유지하는 것이 중요합니다. 그러나 확산 모델을 기반으로 하는 이미지 생성형 AI는 앞에서 생성한 결과와 무관하게 이미지를 처음부터 다시 만들기 때문에 일관성을 유지하기가 어렵습니다. 이를 해결하기 위해 다음 두 가지 방법을 이용할 수 있습니다.

- 이미지를 만든 후 캐릭터의 세부적인 특징을 기록해두고, 후속 이미지를 만들 때 이전 프롬프트의 캐릭터 묘사를 재사용합니다. 이렇게 하면 최소한의 일관성을 유지할 수 있습니다.

- 언어 모델과 이미지 생성 모델이 결합된 멀티모달 모델(예: GPT-4o, 제미나이)은 기존 이미지를 참조할 수 있습니다. 따라서 기존 이미지의 캐릭터를 업로드하고, 그 캐릭터를 활용해 이미지를 그려달라고 요청합니다.

이미지 생성형 AI는 이미지를 만들 때마다 결과물이 달라지기 때문에 장면별로 2~3개의 이미지를 생성하고 비교해봅니다. 생성된 이미지를 살펴보고 동화의 스토리와 가장 잘 맞으면서 시각적으로 매력적인 이미지를 최종적으로 선정합니다. 이미지를 선택할 때는 AI가 프롬프트를 얼마나 정확하게 반영했는지, 캐릭터가 얼마나 일관성 있게 표현됐는지 확인합니다. 만족스럽지 않은 장면이 있다면 이미지를 다시 생성합니다.

- **5단계: 동화책 제작 및 표지 생성**

각 장면을 묘사한 텍스트와 최종 선정된 이미지를 파워포인트나 포토샵을 활용해 동화책 형태로 배치합니다. 그리고 표지를 만들어 마무리합니다.

> **사용자**
>
> 어린이 그림 동화 '날지 못하는 나비 니나'의 표지 이미지. 중앙에 하늘색과 보라색 무늬의 작고 불균형한 날개를 가진 나비 니나가 화려한 색깔을 만들어내는 모습, 배경은 다채로운 색상의 숲과 무지개, 따뜻하고 희망찬 분위기의 수채화 스타일, 어린이 동화책 표지 레이아웃
>
> **AI**
>
>

5.3 뮤직LM, 오디오크래프트, 스테이블 오디오, 수노, 유디오

음악은 인간의 감정과 경험을 표현하는 강력한 매체 중 하나입니다. 좋아하는 노래를 들으면 행복해지고, 스릴러 영화의 배경 음악을 들으면 긴장하게 되고, 자연의 소리를 들으면 평온함을 느끼는 등 음악은 우리의 감정에 큰 영향을 미칩니다.

최근에는 생성형 AI가 텍스트와 이미지를 넘어 음악을 만드는 경지에 이르렀습니다. 이 절에서는 대표적인 오디오 생성형 AI를 중심으로 그 발전 과정, 작동 원리, 활용 사례를 살펴봅시다.

5.3.1 대표적인 오디오 생성형 AI 서비스

언어나 이미지를 만들어내는 AI와 마찬가지로 누구나 쉽게 사용할 수 있는 오디오 생성형 AI 서비스가 다양하게 출시돼 취향에 따라 골라 사용할 수 있습니다.

뮤직LM

2023년 초에 구글이 공개한 **뮤직LM**(MusicLM)은 텍스트로 음악을 생성하는 대표적인 AI 모델 중 하나입니다. 사용자가 원하는 분위기나 스타일을 자연어로 입력하면(예: 여름날 해변에서 듣는 활기찬 팝 음악, 잔잔한 느낌의 클래식 피아노 연주) AI가 그 내용을 분석해 창의적인 음악을 만들어줍니다.

뮤직LM은 음악의 길이와 스타일을 세부적으로 조정할 수 있으며, 생성된 음악의 음질이 뛰어나 업계에서 많은 관심을 모으고 있습니다. 일반 사용자도 구글 아이디만 있으면 구글 랩스(labs.google/fx)에서 뮤직FX를 실행해 음악을 만들 수 있습니다.

그림 5-8 **뮤직FX의 실행 화면**

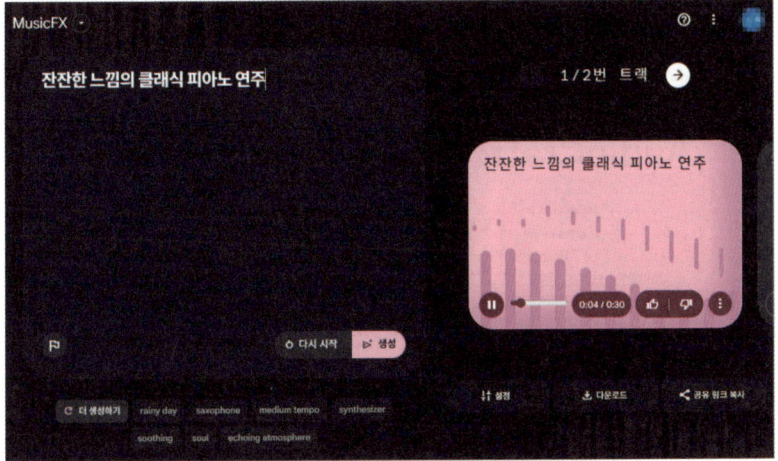

오디오크래프트

메타의 **오디오크래프트**(AudioCraft)는 오디오 생성에 특화된 다양한 모델을 포함하고 있는 AI 플랫폼입니다. 그중에서 **뮤직젠**(MusicGen)은 사용자가 입력한 프롬프트에 따라 음악을 만드는 것은 물론이고, 기존 음악의 일부분을 업로드해 새로운 음악을 만들거나 뒷부분을 자연스럽게 이어갈 수 있습니다. 예를 들어 좋아하는 곡의 앞부분을 넣고 "이 음악을 비슷한 느낌으로 계속 이어줘"라고 요청하면 음악적 특징을 유지한 채 새로운 곡을 만들어줍니다.

오디오크래프트에는 음악뿐 아니라 자연의 소리, 효과음 등을 만드는 모델인 **오디오젠**(AudioGen)도 포함돼 있어 영화, 게임 등 다양한 콘텐츠를 제작하는 데 유용합니다. 그러나 모델 자체를 소스 코드로 제공하기 때문에 개발 지식이 있어야 사용할 수 있습니다. 오디오크래프트 사이트(audiocraft. metademolab.com)에서 뮤직젠과 오디오젠으로 만든 음악을 시연해볼 수 있습니다.

그림 5-9 오디오크래프트 사이트

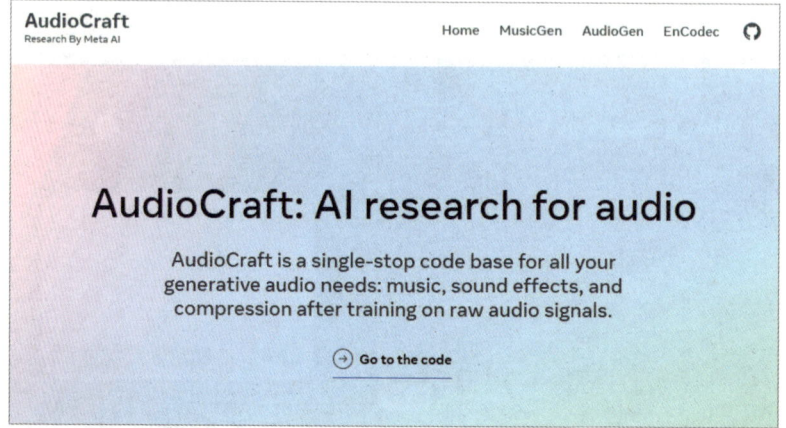

스테이블 오디오

스테이블 디퓨전을 개발한 스태빌리티AI에서 출시한 **스테이블 오디오**(Stable Audio)는 확산 모델을 오디오 생성에 적용한 대표적인 서비스입니다. 사용자가 원하는 음악의 스타일, 분위기, 길이 등을 입력하면 무작위 노이즈에서 시작해 점차 자연스럽고 사실적인 음악을 생성하는 방식으로 작동합니다.

스테이블 오디오는 악기의 음색과 음질 표현이 탁월해 사람이 연주하는 것과 별반 차이가 없다고 느낄 만큼 뛰어난 음악을 제공합니다. 공식 사이트(stableaudio.com)에서 일반 사용자도 손쉽게 체험해볼 수 있으며, 최대 3분 길이의 음악을 생성해줍니다. 스태빌리티AI의 모든 제품은 영어 프롬프트만 지원하므로 프롬프트를 영어로 입력해야 합니다.

그림 5-10 스테이블 오디오의 실행 화면

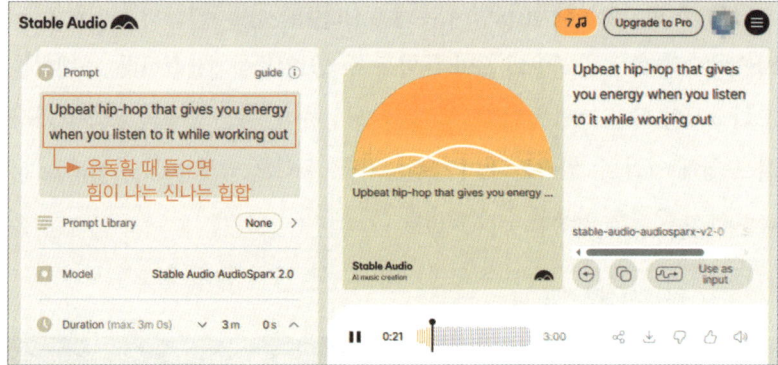

수노

2023년에 출시된 **수노**(Suno)는 사용자가 입력한 가사로 노래를 만들거나, 오디오 파일을 업로드하면 곡을 확장해줍니다. 사용자의 음성을 직접 녹음할 수도 있고, 보컬과 악기 샘플을 업로드해 전체 길이의 노래로 편곡하는 기능도 제공합니다. 수노는 공식 사이트(suno.ai)에서 무료로 이용할 수 있습니다.

그림 5-11 수노의 실행 화면

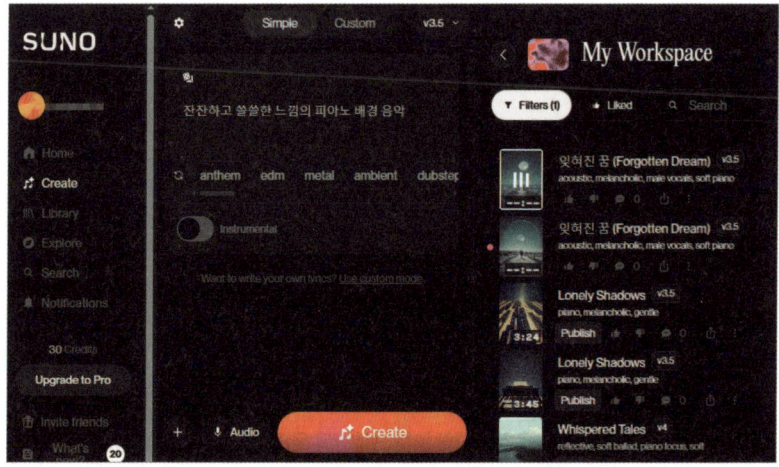

유디오

구글 출신 연구자들이 2024년에 공개한 **유디오**(Udio)는 음악적 지식이 없는 사용자도 손쉽게 자신만의 음악을 만들 수 있도록 설계됐습니다. 스테이블 오디오처럼 확산 모델을 이용해 음악을 생성하며, 높은 품질의 음악을 가사를 포함해 만들 수 있다는 것이 장점입니다. 유디오 역시 공식 사이트(udio.com)에서 무료로 이용할 수 있습니다.

그림 5-12 유디오의 실행 화면

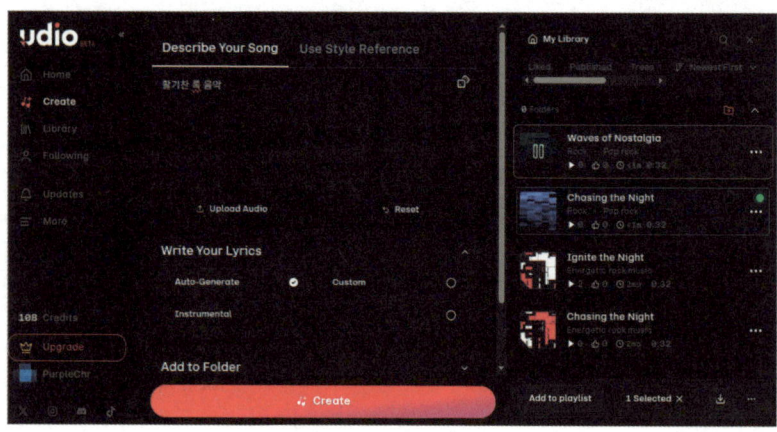

5.3.2 오디오 생성형 AI의 발전 과정

음악을 만드는 AI의 역사는 생각보다 오래됐습니다. 이미 1950년대부터 컴퓨터로 음악을 만들려는 시도가 있었습니다. 당시 컴퓨터가 미리 정해진 음악적 규칙을 따라가며 간단한 멜로디를 만든 일리악 모음곡(ILLIAC Suite)이 발표되기도 했습니다.

사람이 만든 것 같은 자연스러운 음악을 생성하는 AI가 등장한 것은 딥러닝 기술이 발전하기 시작한 2010년대 중반입니다. 2016년 구글의 마젠타 프로젝트(Magenta Project)에서는 머신러닝을 이용해 만든 멜로디를 공개했는데, 이는 AI로 음악을 만들 수 있다는 가능성을 보여줬습니다. 하지만 초기의 오디오 생성형 AI는 멜로디가 단순하고 음악적 깊이나 감정 표현이 부족했습니다.

오디오 생성형 AI 기술은 2020년대에 들어서면서 급속도로 발전했습니다. 구글의 뮤직LM, 메타의 오디오크래프트, 스태빌리티AI의 스테이블 오디오와 같은 오디오 생성 모델이 등장하면서 음악의 품질이 비약적으로 향상됐습니다.

이러한 기술은 텍스트 설명(예: 행복한 분위기의 여름 해변을 떠올리게 하는 음악)만으로도 풍부한 감정과 스타일을 담은 음악을 만들 수 있습니다. 기존 음악을 바탕으로 새로운 곡을 만들거나, 기존 음악을 자연스럽게 이어가기도 합니다. 이미지 생성형 AI의 확산 모델을 음악 생성에도 적용해 더욱 사실적인 악기 소리를 만들고, 심지어 사람의 목소리도 자연스럽게 만드는 기술력을 자랑하고 있습니다.

오늘날 오디오 생성형 AI 기술은 음악 산업뿐 아니라 영화, 광고, 교육 등 다양한 분야에서 활용되고 있습니다.

5.3.3 오디오 생성형 AI의 작동 원리

AI가 음악을 만드는 과정은 사람이 음악을 만드는 것과 비슷합니다. 아주 많은 음악을 듣고 특징과 규칙을 기억한 다음, 이를 바탕으로 자연스럽고 듣기 좋은 음악을 만듭니다. AI가 듣고 배우는 음악 데이터는 클래식, 팝, 재즈 등 장르를 가리지 않습니다.

AI는 처음에 수많은 음악을 들으며 흐름과 구조, 음의 높낮이, 길이, 리듬의 규칙성, 악기 소리 등의 요소를 분석해 스스로 학습합니다. 예를 들어 피아노곡을 들으면 각 음이 어떤 높이에서 얼마나 오래 연주되는지, 멜로디가 어떻게 연결되는지, 전체 음악의 분위기를 만드는 리듬과 화음의 흐름 등을 기억합니다.

방대한 데이터를 통해 학습한 AI는 음악의 패턴과 규칙을 파악합니다. 이 과정에서 '어떤 음이 다음 음과 가장 자연스럽게 연결될까?', '어떤 리듬과 화음이 듣기에 편안하고 더 매력적일까?'와 같은 질문을 던지며 가장 자연스럽고 좋은 결과를 찾기 위해 끊임없이 패턴을 익힙니다.

이렇게 충분한 학습을 마친 AI는 사용자의 요청에 따라 음악을 만듭니다. 사용자가 "행복하고 밝은 분위기의 재즈 음악을 만들어줘"라고 지시하면 AI는 자신이 학습한 수많은 음악 패턴 중에서 사용자의 요청과 가장 잘 어울리는 요소들을 선택해 새로운 음악을 만듭니다. 이때 실제 작곡가처럼 조화로운 음악을 만들기 위해 음과 멜로디, 화음과 리듬을 세심하게 조합합니다.

오디오 생성형 AI에는 다음과 같이 언어 생성형 AI와 이미지 생성형 AI의 핵심 기술이 모두 활용됩니다.

- 언어 생성 시 뛰어난 성능을 보였던 트랜스포머 모델은 음악을 문장처럼 시간 순서대로 연결된 음과 리듬의 흐름으로 이해하고, 다음에 나올 음과 멜로디를 예측합니다.

- 이미지 생성에 사용된 확산 모델은 무작위 노이즈에서 시작돼 흐릿한 이미지가 점점 명확해지듯이 음악적 요소들을 점진적으로 뚜렷하게 적용해 듣기 좋은 음악을 만듭니다.

언어 생성형 AI의 트랜스포머 모델과 이미지 생성형 AI의 확산 모델이 오디오 생성형 AI에 적용되면서 그 결과물이 실제 사람이 작곡한 음악과 구분하기 어려운 수준으로 발전하고 있습니다.

5.3.4 오디오 생성형 AI의 활용 사례

오디오 생성형 AI 기술은 단순한 기술적 호기심을 넘어 다양한 산업과 창작 분야에서 활용되고 있습니다.

광고·마케팅 분야

2023년, 국내 햄버거 브랜드가 공개한 'K 버거, K 음악이 되다' 광고에서는 AI로 불고기버거의 이미지를 분석해 비트로 변환한 후 전문가의 편곡 과정을 거쳐 만든 노래가 등장했습니다. 이 노래는 유명 가수가 불러 많은 관심을 불러모은 데다, 오디오 생성형 AI로 제작했다는 점에서 화제가 됐습니다. 이 회사는 후속 새우버거도 동일한 방식으로 홍보했는데, 이는 AI를 활용한 음악 제작이 일회성에 그치는 것이 아니라 지속 가능한 광고 전략이 될 수 있음을 보여줍니다.

국내 보험사의 '좋은 소식의 시작' 광고는 광고 전체를 AI로 제작한 사례입니다. 이미지 생성형 AI인 미드저니를 활용해 "사람들이 생각하는 보험에 대한 인상은?" 등의 명령 조합으로 만든 이미지를 광고에 사용했습니다.

그림 5-13 광고 전체를 AI로 제작한 사례(출처: 삼성생명 유튜브)

광고의 배경 음악과 징글(jingle, 짧은 멜로디와 효과음) 역시 국내 AI 스타트업과의 협업으로 제작했습니다. 별도의 촬영 없이 AI 기술만으로 창의적인 결과물을 만들어 비용과 시간을 절감했습니다.

이 광고는 사람들의 긍정적인 반응을 얻어 유튜브 조회수가 700만 회를 넘어섰습니다. 이미지 생성형 AI와 오디오 생성형 AI를 함께 사용해 일관된 분위기와 메시지를 전달한 이 광고는 광고 제작에 AI 기술을 어떻게 활용할 수 있는지를 증명했습니다.

영화·미디어 분야

영화 및 미디어 분야에서도 오디오 생성형 AI가 활발히 사용되고 있습니다. 영화감독인 개러스 에드워즈(Gareth Edwards)는 AI를 소재로 한 영화 〈크리에이터〉의 사운드트랙을 제작할 때 AI의 작곡 기술을 실험적으로 활용했습니다. 그는 오스카상을 수상한 작곡가 한스 치머(Hans Zimmer) 스타일의 사운드트랙을 AI 음악 회사에 요청했으며, MIT 테크놀로지 리뷰와의 인터뷰에서 "아무에게도 말하지 않는 게 더 좋을 것 같다는 생각에, AI가 사운드트랙을 만들었다는 사실을 비밀에 부쳤다"고 밝혔습니다. 또한 AI가 생성한 음악을 10점 만점에 7점으로 평가하며 상당히 괜찮은 결과물이라고 평했습니다. 그러나 '한스 치머 스타일의 사운드트랙을 원한 이유는 10점 만점에 10점짜리 음악을 원했기 때문'이라 실제 한스 치머에게 작곡을 의뢰해 최종 사운드트랙으로 사용했습니다.

이 사례는 오디오 생성형 AI 기술의 가능성과 한계를 동시에 드러냅니다. AI가 유명 작곡가의 스타일을 상당 부분 모방할 수는 있지만 작곡가가 만들어 내는 감성과 완성도에는 못 미치기 때문입니다.

그럼에도 불구하고 독립 영화, 단편 영화, 학생의 작품, 인디 게임과 같은 저예산 프로젝트에서는 AI가 생성한 음악이 유용하게 쓰이고 있습니다. 예산이 부족해 전문 작곡가를 고용하기 어려운 상황에서 AI는 효율적인 대안이

됩니다.

물론 밝은 면만 있는 것은 아닙니다. 오디오 생성형 AI를 이용하면 효율적으로 콘텐츠를 제작할 수 있지만, 이와 동시에 딥페이크 음악처럼 AI 기술을 악용한 사례가 늘어나고 있습니다. 따라서 창작자 권리 보호에 대한 명확한 기준과 책임 있는 활용 방안을 시급히 마련해야 합니다.

5.4 오디오 생성형 AI로 음악 만들기

과거에는 작곡 능력이 없으면 음악을 만드는 것이 어렵거나 아예 불가능했습니다. 하지만 오디오 생성형 AI의 등장으로 누구나 손쉽게 음악을 만들 수 있게 됐습니다. 이 절에서는 수노를 이용해 소중한 기억이나 특별한 순간을 표현하는 음악을 만들어봅시다.

5.4.1 나만의 추억 음악 만들기

실습 목적

오디오 생성형 AI를 활용해 자신만의 추억 음악을 만들고, 그 과정에서 원하는 분위기의 음악을 만들기 위한 프롬프트 작성법을 익힙니다.

실습 준비

특별한 기억으로 간직하고 있는 순간이 담긴 이미지를 준비합니다. 직접 촬영한 사진이나 AI로 생성한 이미지 등 저작권에 문제가 없는 이미지를 준비합니다. 그리고 음악을 생성할 때 프롬프트로 이용할 내용을 얻기 위해 텍스트와 이미지 생성이 가능한 멀티모달 AI 서비스(예: 챗GPT, 제미나이) 중 하나를 선택하고, 프롬프트를 저장할 메모장 또는 워드프로세서 프로그램도 준비합니다.

음악을 만들기 위해 수노 사이트(suno.ai)에서 계정을 생성합니다. 무료 계정의 경우 일정 크레딧(credit)이 주어지며, 음악을 생성할 때마다 크레딧이 차감됩니다. 크레딧을 전부 소진하면 결제해야 사용할 수 있으니 주의하세요.

실습 단계

● **1단계: 이미지에 대한 상세한 설명 생성**

준비한 이미지를 멀티모달 AI 서비스에 올리고 상세한 설명을 요청합니다.

> **사용자**
>
> [이미지 업로드]
>
> 이 사진 속의 장면을 자세히 묘사해줘. 전체적인 분위기, 주요 색상, 느껴지는 감정을 자세히 설명해줘.
>
> **AI**
>
> 사진은 맑고 화창한 날 활주로 위에서 촬영됐습니다. 단란한 가족이 포즈를 취하고 있는데, 이들의 표정과 제스처(브이 사인)는 매우 밝고 즐거운 분위기입니다.

AI의 답변을 복사해 메모장이나 워드프로세서에 붙여넣습니다. 설명을 추가하고 싶다면 직접 수정합니다.

● **2단계: 음악 생성**

수노 사이트에 접속해 [Create] 메뉴를 선택하면 프롬프트 입력창이 나옵니다. 언어 생성형 AI나 이미지 생성형 AI를 사용할 때와 마찬가지로 오디오 생성형 AI를 사용할 때도 프롬프트를 잘 작성하는 것이 중요합니다. 그러나 오디오 생성형 AI의 경우 어떤 프롬프트가 효과적이라는 결과가 아직 밝혀지지 않았기 때문에 프롬프트 작성의 일반 공식(최대한 구체적으로 작성하기)에 따라 작성합니다.

그림 5-14 수노의 실행 화면

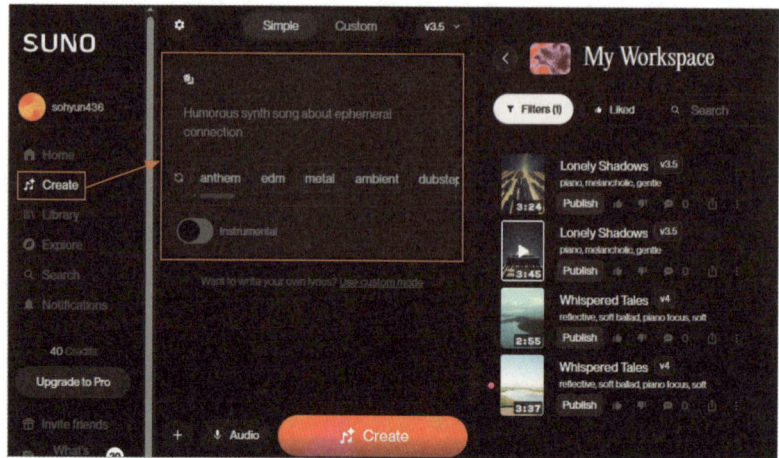

이미지에 대한 장면 묘사를 프롬프트에 붙여넣은 후 원하는 음악의 분위기를 작성합니다.

> **사용자**
>
> [이미지에 대한 장면 묘사 붙여넣기]
>
> 여행 가기 전의 설렘이 느껴지는 음악, 잔잔했다가 빨라지는 음악, 피아노 솔로로 시작하는 음악

이제 [Create] 버튼을 클릭해 음악을 생성합니다. 생성된 음악을 들어보고 이미지의 분위기와 부합하는지 확인합니다. 원하는 가사가 있으면 [Custom] 탭의 Lyrics에 가사를 입력한 후 다시 생성합니다. 동일한 프롬프트 혹은 약간 변형한 프롬프트로도 음악을 생성합니다.

그림 5-15 음악 생성

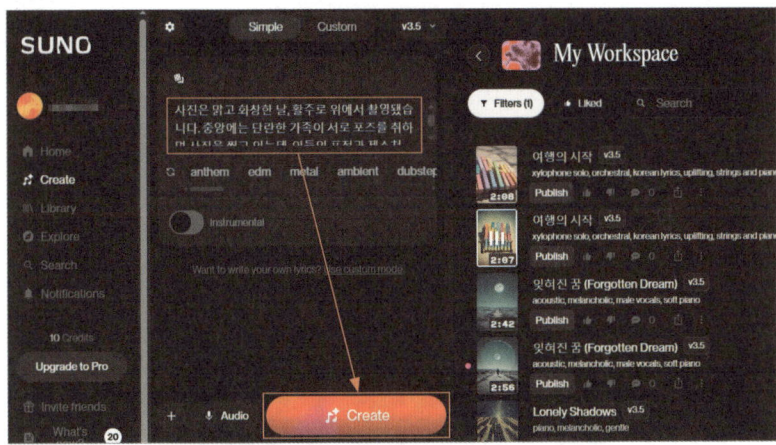

음악이 마음에 들면 점 3개(:) 아이콘을 클릭하고 [Download]를 선택해 내려받습니다.

그림 5-16 음악 다운로드

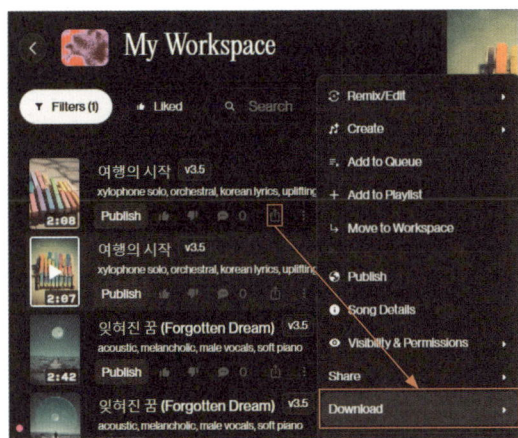

CHAPTER 6

AI와 함께하는 내일

AI 기술의 발전에 따른 변화와 준비

6.1 직업 환경의 변화

6.2 분야별 협업 사례

6.3 AI 시대를 살아가는 인간의 역할과 준비

프|리|뷰

AI 기술의 발전 속도가 너무 빠르다 보니 걱정 반, 호기심 반인 사람이 많습니다. 앞으로 AI가 더 발전하면 인간의 역할은 어떻게 달라질까요?

이 장에서는 AI 기술의 발전과 그에 따른 직업 환경의 변화, 이러한 변화에 발맞춰 진행한 AI와의 협업 사례, 새로운 시대를 맞아 우리가 준비해야 할 것을 알아봅니다.

6.1 직업 환경의 변화

"내 직업이 AI로 대체될까?"라는 질문에 명확히 답할 수 있나요? 대부분의 직업은 하나의 작업만 하는 것이 아니라 여러 가지 작업으로 이뤄지기 때문에 AI가 직업 전체를 대체하기보다는 직업의 성격과 작업 방식을 변화시킬 가능성이 더 큽니다.

6.1.1 변화하는 직업 세계

최근 들어 AI가 어떤 일자리를 대체한다는 내용의 뉴스를 심심치 않게 접할 수 있습니다. 그러나 실제 직업 세계는 그렇게 단순하지 않습니다. 역사를 되돌아보면 기술의 발전은 일자리를 없애기보다 변화시키는 방향으로 흘러왔습니다.

ATM이 처음 등장했을 때 사람들은 은행 창구의 직원이 사라질 것이라고 예상했습니다. 실제로 은행 지점당 직원의 수가 줄어들기는 했지만, ATM 덕분에 지점 운영 비용이 감소하고 전체 은행 직원의 수는 오히려 증가했습니다. 창구 직원의 역할도 단순 현금 거래에서 금융 상담 등의 서비스 제공으로 변화했습니다.

앞으로 AI가 미칠 영향도 이와 비슷할 것입니다. 반복적이고 예측 가능한 작업은 AI가 담당하고, 사람은 좀 더 복잡하고 창의적인 일에 집중하게 될 것입니다. AI가 직업 세계에 미치는 영향은 크게 두 가지로 예상됩니다.

첫째, 일부 작업의 자동화 및 그로 인한 직업의 성격, 요구 역량의 변화입니다. 반복적이고 시간을 소모하는 작업은 AI에 의해 자동화되고, AI와 함께 일하는 방식으로 변화하면서 직업이 요구하는 기술과 역량이 달라질 것입니다.

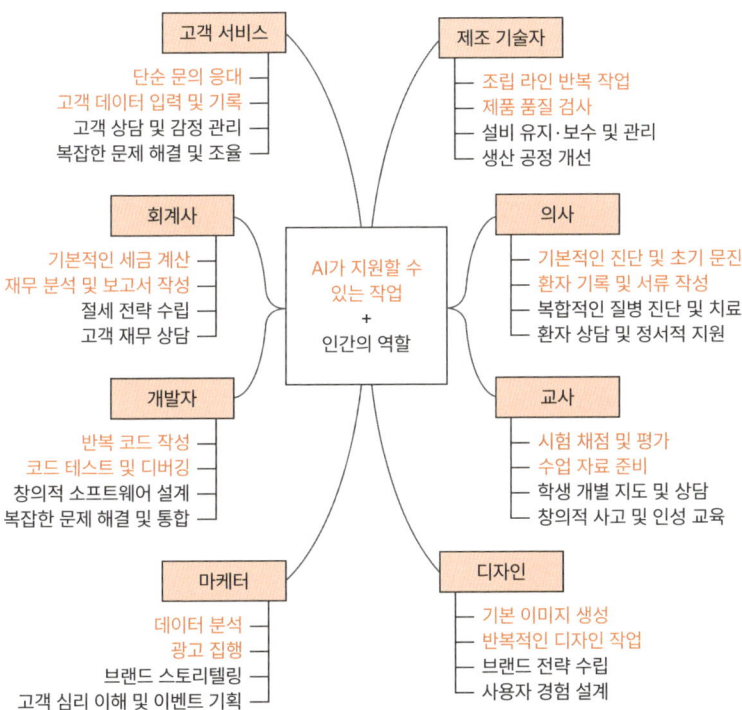

그림 6-1 AI가 지원할 수 있는 작업과 인간의 역할

예를 들어 회계사 업무의 경우 데이터 입력, 기본적인 세금 계산, 영수증 분류 등의 작업은 AI가 하고, 회계사는 복잡한 절세 전략 수립, 재무 상담, 비즈니스 의사 결정 지원 등에 집중하게 될 것입니다.

의료 분야에서는 AI가 의료 영상 분석, 기본적인 진단, 의료 기록 정리 등을 지원하고, 의사는 환자와의 소통, 복합적인 질병 판단, 치료 계획 수립 등 인간의 판단이 필요한 영역에 더 많은 시간을 할애할 것입니다. 또한 교육 분야에서도 시험 채점, 기본적인 피드백 제공, 학습 자료 준비 등은 AI가 하고, 교사는 학생의 창의적 사고 촉진, 사회적 기술 발달 지원, 개인화된 지도 등을 맡을 것입니다.

마케팅의 경우 단순 데이터 분석과 광고 집행은 AI가 수행하고, 마케터는 브랜드 스토리텔링, 고객 심리 이해, 창의적 이벤트 기획 등과 관련된 능력을 갖춰야 할 것입니다. 디자인 분야에서는 AI가 기본 이미지 생성과 반복적인 디자인 작업을 지원하고, 디자이너는 브랜드 전략 수립, 사용자 경험 설계 등 더 고차원적인 작업을 처리할 것입니다.

이러한 변화에 대응하려면 AI를 효과적으로 활용하는 능력을 기본으로 갖춰야 하며, 인간만이 발휘할 수 있는 것을 더욱 발전시켜야 합니다.

AI가 직업 세계에 미치는 두 번째 영향은 새로운 직업의 등장입니다. 역사적으로 모든 기술 혁명은 새로운 직업을 창출했는데, AI 시대에도 이전에는 없었던 새로운 직업이 등장할 것입니다.

예를 들어 프롬프트 엔지니어는 AI 시스템에서 최적의 결과를 얻기 위한 프롬프트(지시문)를 설계하고 최적화하는 전문가입니다. 이미 많은 기업에서 이러한 역할을 담당하는 직무가 생겨나고 있습니다.

또한 AI 윤리 전문가는 AI 시스템이 공정하고 투명하며 사회적 가치에 부합하게 설계 및 운영되는지 감독하는 역할을 합니다. 그리고 기업이나 팀에서 직원이 AI 시스템과 효과적으로 협업할 수 있도록 돕는 AI 협업 코디네이터는 기술적 지식과 인간 심리에 대한 이해를 갖춰야 하는 직업입니다.

이 외에도 AI 기술 개발 영역뿐만 아니라 AI와 인간의 상호작용 영역에서 새로운 직업이 많이 생겨날 것입니다.

6.1.2 빠르게 진화하는 AI 기술

생성형 AI는 다양한 방향으로 빠르게 진화하고 있습니다. 대형 언어 모델이 점점 더 강력해지는 동시에 경량화돼 스마트폰에서도 작동할 수 있는 작은 모델이 나오고 있습니다. 모델이 한 번에 처리할 수 있는 정보의 양도 기하급수적으로 늘어났습니다. 초기 모델이 몇백 단어의 대화만 처리할 수 있었다면, 최신 모델은 책 몇 권 분량의 긴 대화를 한 번에 처리할 수 있습니다.

미국 버클리에 위치한 METR(Model Evaluation & Threat Research)은 AI 모델의 발전 속도를 연구했습니다. 이 연구 기관은 인간(전문가)이 어떤 일을 할 때 얼마나 오래 걸리는지를 기준으로 난이도를 구분하고, AI가 어느 정도 난이도의 일까지 해낼 수 있는지 확인했습니다. 2019년에 출시된 초기 AI 모델의 경우 인간이 1분 이상 걸리는 작업을 수행할 수 없었습니다. 그러나 2024년에 출시된 AI 모델은 IQ 120이 넘는 지적 능력을 기반으로 인간이 30분 가까이 걸리는 작업을 즉시 해냈습니다.

더 놀라운 것은 AI의 성능 향상 속도입니다. **그림 6-2**는 시간이 지남에 따라 AI 모델이 자동으로 수행할 수 있는 작업의 길이가 얼마나 증가했는지를 보여줍니다. GPT-2가 인간이 8초 만에 할 수 있는 작업을 처리했다면, 최신 모델인 클로드 3.7 소넷은 인간이 약 1시간 걸리는 작업을 처리합니다. 이는 AI 모델의 성능이 약 7개월마다 2배씩 향상된다는 것을 나타냅니다.

이러한 AI 시대에는 자신의 직업이 AI로 대체되지 않을까 단순히 걱정하기보다 앞으로 어떤 방향으로 변화할지 예측해보는 것이 중요합니다. 반복적이고 자동화가 가능한 직무에서 벗어나 자신만의 강점을 살릴 수 있는 영역의 역량을 발전시키는 것이 바람직합니다. AI 시대에는 기술을 두려워할 것이 아니라 이를 잘 활용하고 함께 성장할 수 있는 방법을 찾아야 합니다.

그림 6-2 AI의 성능 향상 속도(출처: metr.org)

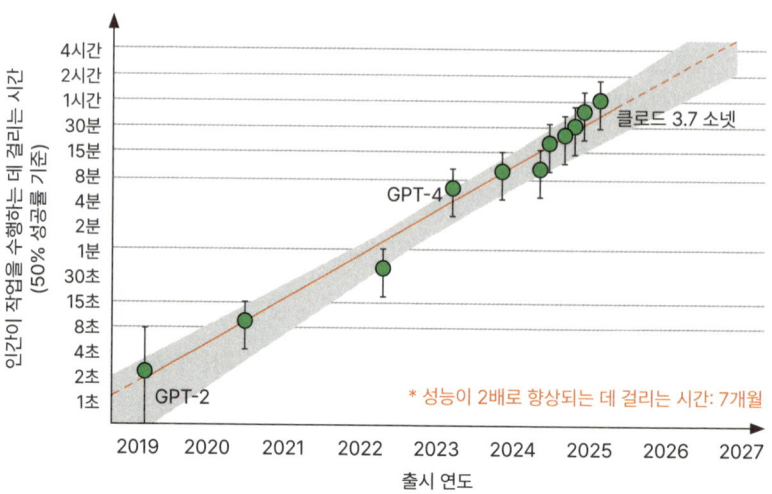

6.2 분야별 협업 사례

AI와 인간이 함께 일하는 모습은 영화 속 장면이나 먼 미래의 일이 아니라 현재 진행형입니다. 이미 곳곳에서 AI와 인간의 협업이 이뤄지고 있는데, 앞으로 AI와 인간이 어떻게 협력할 수 있을지 사례를 통해 살펴봅시다.

6.2.1 콘텐츠 생성

유튜브의 동영상을 시청하다 보면 비슷한 목소리가 여기저기서 많이 나오는데, 이 목소리의 정체는 바로 음성 AI입니다. 클로바 더빙(CLOVA Dubbing), 일레븐랩스(ElevenLabs)와 같은 서비스는 다양한 감정과 억양을 표현할 수 있는 음성 AI를 제공하며, 주로 교육 및 정보 전달 채널에서 콘텐츠 제작에 활용하고 있습니다.

또한 유튜브에는 독특한 동영상도 많은데, 이는 런웨이(Runway), 피카(Pika), 소라(Sora)와 같은 동영상 생성 AI를 활용해 만든 콘텐츠일 가능성이 높습니다. 이러한 AI를 이용하면 텍스트 지시만으로 짧은 동영상 클립이나 특수 효과 등을 생성할 수 있습니다.

AI를 사용해 콘텐츠를 생성하더라도 크리에이터의 역할은 여전히 중요합니다. 실제로 많은 크리에이터는 AI를 협업 도구로 활용하고 자신은 콘텐츠 전략, 스토리텔링, 아이디어 개발 등에 집중하고 있습니다.

6.2.2 교육의 개인화

교육 분야에서 AI는 학생 개개인에 맞는 맞춤형 학습 경험을 제공하는 데 활용되고 있습니다. 칸아카데미(Khan Academy)의 칸미고(Khanmigo)는 AI 튜터로, 수학 문제 풀이 과정을 단계별로 설명하고, 소크라테스식 질문법을 이용해 학생 스스로 생각하도록 유도합니다. 미국 CBS의 뉴스 보도에 따르면 칸미고가 여러 학교에 시범적으로 도입돼 학생들의 수학 문제 해결 능력이 평균 30% 향상됐다고 합니다. 학생들은 선생님이나 친구보다 AI에게 질문하는 데 부담을 덜 느껴 좀 더 적극적으로 학습에 참여했습니다.

그러나 칸아카데미를 설립한 살만 칸(Salman Khan)도 인정했듯이 AI 교육 도구는 분명 한계가 있습니다. AI는 지식 전달 및 문제 해결 과정에서 뛰어난 조력자가 될 수 있지만, 학생들의 사회·정서적 발달을 지원하거나 영감을 주는 교사의 역할을 완전히 대체할 수는 없습니다.

따라서 AI는 기본적인 학습 지원을 담당하고 교사는 비판적 사고력 계발, 창의성 함양, 협업 능력 향상과 같은 더 고차원적인 교육 활동에 집중해야 합니다. CBS의 보도에 언급된 교사들은 칸미고를 수업에 활용함으로써 강의 시간을 줄이고 학생들과의 일대일 상호작용과 프로젝트 기반 학습에 더 많은 시간을 할애할 수 있었습니다. 이처럼 AI 교육 도구는 교사와의 협력을 통해 교육의 질을 전반적으로 높이는 데 기여하고 있습니다.

6.2.3 바이브 코딩

바이브 코딩(Vibe Coding)은 개발자가 코드를 작성하는 대신 자연어로 문제를 간략히 설명하면 대규모 언어 모델이 코드를 자동으로 생성해주는 프로그래밍 기법입니다. 여기서 개발자는 AI가 생성한 코드를 검토 및 테스트하고 개선하는 역할을 합니다.

실제로 깃허브 코파일럿(GitHub Copilot), 커서 AI(Cursor AI)와 같은 바이브 코딩 도구는 개발자의 생산성을 향상하고 있습니다. 깃허브의 연구에 따르면 깃허브 코파일럿을 활용한 개발자들은 코딩 작업을 55% 더 빠르게 완료할 수 있었으며, 단순하고 반복적인 코드 작성에서 벗어나 문제 해결, 시스템 설계 등 더 창의적이고 복잡한 업무에 집중할 수 있었습니다.

바이브 코딩 도구는 사용자의 자연어 설명을 기반으로 코드를 제안하거나 기존 코드 패턴을 학습해 다음 코드를 예측합니다. 반복적으로 사용하는 기본 구조, 자주 쓰는 알고리즘 및 API 호출 방식을 제공함으로써 개발자가 매번 문서를 찾거나 기억에 의존하는 것을 덜어줍니다. 즉 AI가 개발자를 대체하는 것이 아니라 개발자와 협력해 지루한 반복 작업을 자동화하고, 개발자가 더 창의적인 문제 해결에 집중할 수 있도록 도와줍니다.

6.2.4 AI 에이전트와의 협업

AI 기술의 발전과 함께 AI 에이전트라는 새로운 개념이 주목을 받고 있습니다. 일반적인 AI와 달리 **AI 에이전트**(AI agent)는 사용자가 일일이 지시하지 않아도 자율적으로 목표를 설정하고, 이를 달성하기 위한 계획을 세우며, 다양한 도구를 활용해 작업을 수행하는 지능형 소프트웨어 시스템입니다. 일반 AI 챗봇은 학습한 지식을 기반으로 사용자의 질문에 단순히 답변하지만, AI 에이전트는 필요에 따라 인터넷 검색, 데이터베이스 접근, API 호출 등의 도구를 이용해 실시간으로 필요한 정보를 찾고 문제를 해결합니다.

이러한 AI 에이전트는 이미 여러 분야에서 활용되고 있습니다. 업무 일정 관리 분야에서 마이크로소프트의 365 코파일럿(365 Copilot)은 이메일과 일정 데이터를 분석해 미팅 일정을 잡고, 회의 내용을 요약하며, 후속 조치도 제안합니다. 또한 구글의 AI 비서 서비스는 이메일을 분석해 항공편 예약, 미팅 일정 조율 등 다양한 일상 업무를 자동으로 처리합니다.

금융 분야의 글로벌 기업인 페이팔(PayPal)은 AI 에이전트를 활용해 금융 사기를 실시간으로 탐지하고 예방합니다. AI 에이전트는 거래 내역과 사용자 행동 데이터에 접근하고 분석해 비정상적인 거래 패턴을 감지하고 신속하게 조치합니다.

디자인 및 편집 분야에서 어도비(Adobe)의 AI 에이전트는 이미지 생성, 색상 변경, 콘텐츠 추천 등의 작업을 수행할 때 필요한 도구를 스스로 선택하고 이용합니다. 일반 AI가 사용자의 명령을 받아 미리 정해진 기능만 수행한다면, AI 에이전트는 작업 상황에 맞게 적절한 도구를 찾아 능동적으로 작업합니다.

현재 AI 에이전트 기술은 초기 도입 단계이며, 주로 기업에서 이를 활용한 서비스를 개발하고 있습니다. 하지만 머지않은 미래에 일상생활에도 도입돼 일반 사용자의 개인 일정 관리, 건강 관리, 여행 계획 등을 주도적으로 처리할 것으로 예상됩니다.

AI 시대를 살아가는 인간의 역할과 준비

다양한 분야에서 AI와 협업하는 사례는 우리가 이미 AI 시대에 살고 있음을 방증합니다. AI가 단순한 도구를 넘어 파트너로 진화하는 과정에서 인간은 자신의 역할을 재정립하고, 어떻게 AI와 조화롭게 공존할 수 있을지 고민해야 합니다. 새로운 기술 환경에서 우리는 어떤 준비를 해야 할까요?

6.3.1 미래를 위한 역량 개발

AI가 발전할수록 인간이 가진 고유한 강점을 발전시키는 것이 중요합니다. 창의성, 비판적 사고, 공감 능력은 AI가 쉽게 대체할 수 없는 핵심 역량입니다. AI는 반복적인 작업을 자동화할 수 있지만 창의적인 아이디어 구상, 인간적 통찰, 직관적 판단은 여전히 인간의 몫입니다.

미래 교육은 단순한 지식 전달에서 벗어나 문제 해결 능력, 통합적 사고, 윤리적 판단력을 키우는 방향으로 전환돼야 합니다. 바이브 코딩의 사례처럼 심화된 전문성보다는 AI 도구를 활용해 문제를 정의하고 해결책을 찾는 능력이 더 중요합니다. AI가 방대한 정보와 전문 지식을 즉시 제공할 수 있는 환경에서는 암기 능력보다 적절한 질문을 던지고 답을 찾아내는 능력이 더 빛을 발합니다.

급변하는 환경에서는 꾸준한 학습 의지를 가지는 것 또한 중요합니다. 이제는 지식을 얻기 위해 학원에 다니거나 전문 강사를 찾을 필요가 없습니다. 언제 어디서나 궁금증을 해결해줄 수 있는 AI 도구를 손에 쥐고 있기 때문입니다. 24시간 내내 언제든 질문에 답하는 생성형 AI는 우리의 호기심과 학습 여정을 지원합니다.

6.3.2 균형 잡힌 AI 활용

AI의 활용이 일상화된 오늘날, AI가 생성한 결과물을 비판적으로 검토하는 습관은 선택이 아니라 필수입니다. AI는 틀린 정보를 제공하거나, 누군가의 의견에 불과한 내용을 사실과 혼합해 답변하기도 합니다. AI로 생성한 콘텐츠에 부정확한 정보가 포함될 수도 있기 때문에 AI의 답변을 반드시 검증하는 과정을 거쳐야 합니다.

중요한 결정을 내릴 때는 AI의 제안을 출발점으로 삼더라도 인간의 지식과 판단에 따라 결정해야 합니다. AI가 생성한 코드를 개발자가 검토하고 수정하듯이 일반 사용자도 AI의 결과물을 비판적으로 평가할 수 있어야 합니다. 계산기에 의존하다 보면 암산 능력이 떨어지기 때문에 모든 문제 해결을 AI에 의존하기보다는 먼저 스스로 생각해보는 습관을 유지해야 합니다. AI는 사고를 확장하고 보완하는 데 도움을 주는 도구일 뿐입니다.

6.3.3 함께 만들어가는 AI 시대

규칙 기반 시스템에서 발전한 생성형 AI는 갈수록 경량화되고, 처리 능력이 향상되고, 수행 가능한 작업의 범위가 확대되고 있습니다. 이러한 시대 흐름 속에서 '모르는 게 약'이라면서 AI를 외면할 것이 아니라 '아는 것이 힘'이라는 생각으로 AI에 접근해야 합니다.

AI는 우리의 미래를 결정하는 외부적인 요인이 아니라 우리 손안에 있는 도구라는 것을 잊지 마세요. 크리에이터는 AI 도구를 창의적으로 활용해 콘텐츠를 만들고, 교사는 AI 튜터와 협력해 학생을 가르치고, 개발자는 AI를 이용해 혁신적인 소프트웨어를 개발하는 등 우리 모두는 각자의 위치에서 자신의 필요에 맞게 AI 기술을 사용할 수 있습니다.

AI의 원리와 한계를 명확히 아는 것은 AI 시대를 주도적으로 살아가기 위한 필수 조건입니다. AI가 무엇을 할 수 있고 무엇을 할 수 없는지, 어떻게 작동하는지, 어떤 편향을 나타낼 수 있는지를 알면 효율적이면서도 풍요로운 삶을 영위하는 데 도움이 됩니다.

찾아보기

A

AI	24
AI 겨울	53
AI 모델	24
AI 서비스	24
AI 에이전트	213
ARC	110

G

GAIA 벤치마크	112
GPT	86
GPT-1	89
GPT-2	92
GPT-3	95
GPT-3.5	99
GPT-4	102
GPT-4o	104
GPU	60
GSM8k	112

K

k-최근접 이웃 알고리즘	47

M

MMLU	110

R

RAG	150

T

Top-k 샘플링	77
Top-p 샘플링	78

X

XOR 문제	52

ㄱ

과적합	44
규칙 기반 시스템	17
그리디 서치	75
기계학습	19
깃허브 코파일럿	213

ㄷ

다층 퍼셉트론	53
달리	172
대형 멀티모달 모델	29
대형 언어 모델	73
데이터 전처리	82
디코더	65
딥러닝	20, 49

ㄹ

라마	129
런웨이	211
레스넷	21

ㅁ

머신러닝	19
멀티모달	102
멀티헤드 어텐션	69
뮤직젠	191

뮤직LM	190
미드저니	174

ㅂ

바이브 코딩	212
밸류	67
벤치마크	109
북코퍼스	89
빔 서치	75

ㅅ

사용자 피드백 기반 강화 학습	99
사전 학습	89
생각의 연쇄	105, 148
생성형 AI	16
서포트 벡터 머신	46
설명 가능성 문제	59
소라	211
수노	193
순환 신경망	59
스케일링 법칙	97
스테이블 디퓨전	175
스테이블 오디오	192
신경망	20

ㅇ

알렉스넷	56
어텐션 메커니즘	67
언어 생성형 AI	25
예시 보여주기	146
오디오 생성형 AI	28

오디오젠	191
오디오크래프트	191
오차 역전파	54
오픈AI	86
오픈AI o1	105
온도 샘플링	76
웹텍스트	92
위치 정보 인코딩	70
유디오	194
이미지 생성형 AI	26
인코더	65
일레븐랩스	211
일반 인공지능	107

ㅈ

장기 의존성	63
장단기 기억 모델	62
제미나이	126

ㅊ

챗봇 아레나	115
챗GPT	101

ㅋ

칸미고	212
커먼크롤	95
커서 AI	213
컴피UI	176
쿼리	67
클로드	127
클로바 더빙	211

클로바 X	128		퓨샷 러닝	96
키	67		프롬프트	145
			프롬프트 엔지니어링	145
ㅌ			피카	211
탈옥	142			
통계적 패턴 인식	42		**ㅎ**	
트랜스포머	64		합성곱 신경망	58
			허깅페이스	129
ㅍ			헬라스웨그	111
파라미터	88		확산 모델	178
파인 튜닝	90		환각 현상	94
퍼셉트론	50			